Das große Weihnachtsbuch

Das große Weihnachtsbuch

Basteln, Backen, Kochen und Singen zur Advents- und Weihnachtszeit

Redaktionelle Anmerkung des Verlags:
Schablonen und Schnittmuster
in Originalgröße sind blau abgebildet.
Wenn Schablonen und Schnittmuster
vergrößert werden müssen, sind sie grau
abgebildet.

Idee, Akquisition und Koordination:
Schloß Verlag GmbH, Promotion & Präsent Service
Druck und Bindung:
Mohndruck Graphische Betriebe GmbH, Gütersloh

Inhalt

Die Wochen vor Advent

Es treibt der Wind ...

Es treibt der Wind im Winterwalde
die Flockenherde wie ein Hirt,
und manche Tanne ahnt, wie balde
sie fromm und lichterheilig wird,
und lauscht hinaus. Den weißen Wegen
streckt sie die Zweige hin – bereit,
und wehrt dem Wind und wächst entgegen
der einen Nacht der Heiligkeit.

R. M. Rilke

Sankt Martin

Es geschah an einem Wintertag, daß er ritt durch das Tor von Arniens, da begenete ihm ein Bettler, der war nackt und hatte noch von niemandem ein Almosen empfangen. Da verstund Martinus, daß von ihm dem Armen sollte Hilfe kommen; und er zog sein Schwert und schnitt den Mantel, der ihm allein noch übrig war, in zwei Teile, und gab die eine Hälfte dem Armen, und tat selber das andere Teil wieder um. Des Nachts danach sah er Christum für ihn kommen, der war gekleidet mit dem Stücke seines Mantels, das er dem Armen hatte gegeben. Und der Herr sprach zu den Engeln, die um ihn stunden: „Martinus, der noch nicht getauft ist, hat mich in diesem Kleide gekleidet."

Viele Legenden und Geschichten ranken sich um die Person des heiligen Martinus. Man könnte auf den Gedanken verfallen, er selbst sei eine Legende, ein Produkt menschlicher Phantasie, doch hat er tatsächlich existiert.

Martin von Tours wurde um 316 in Sabaria, in Ungarn geboren. Sein Vater war ein römischer Rittmeister und auch Martinus diente zunächst als Soldat unter Kaiser Julian.

Er bekannte sich zum Christentum und gründete das erste Mönchskloster im damaligen Gallien. 371 wurde er zum Bischof von Tours ernannt. Er starb am 8. 11. 397 in Candes. Bestattet wurde er vermutlich am 11. 11. 397, weshalb dieses Datum zum Fest des heiligen Martinus wurde.

Sein Mantel (die Cappa) kam in den Besitz der Merowingerkönige. Als Kleinod wurde er von den Capelani (Kaplänen) gehütet und auf Kriegszügen als siegbringendes Zeichen mitgeführt.

Der Brauch, an Martini eine Gans zu braten, geht auf die Legende zurück, daß der Heilige Martin sich bei seiner Wahl zum Bischof aus Bescheidenheit im Gänsestall versteckt haben soll. Die Gänse hatten ihn mit ihrem lauten Geschnatter aber verraten, weshalb er sie später braten ließ.

In Wirklichkeit aber hängt das Schlachten der Gänse mit dem Ablauf des bäuerlichen Jahres zusammen. Denn um diese Zeit wurde meist das Vieh von den Weiden in die Ställe getrieben, auf den Äckern gab es keine Arbeit mehr. Es mußte Vorrat für den nahenden Winter angelegt werden, deshalb wurde um diese Zeit geschlachtet.

Ich geh' mit meiner Laterne

Ich geh' mit meiner Laterne und meine Laterne mit mir.
Dort oben leuchten die Sterne, hier unten, da leuchten wir.
Der Martinsmann, der zieht voran.
Labimmel, labammel, labum.

Ich geh' mit meiner Laterne und meine Laterne mit mir.
Dort oben leuchten die Sterne, hier unten, da leuchten wir.
Ein Kuchenduft liegt in der Luft.
Labimmel, labammel, labum.

Ich geh' mit meiner Laterne und meine Laterne mit mir.
Dort oben leuchten die Sterne, hier unten, da leuchten wir.
Beschenkt uns heut', ihr lieben Leut'.
Labimmel, labammel, labum.

Ich geh' mit meiner Laterne und meine Laterne mit mir.
Dort oben leuchten die Sterne, hier unten, da leuchten wir.
Mein Licht ist aus, wir geh'n nach Haus.
Labimmel, labammel, labum.

Volksweise

Köstliches für kalte Tage

Teepunsch

1 l starker schwarzer Tee
0,1 l Arrak oder Rum
75 g Zucker, ersatzweise Kandis
2 unbehandelte Zitronen
Würfelzucker
hochprozentiger Rum zum Flambieren

1. Den Tee mit Rum, Zucker oder Kandis erhitzen. Von einer Zitrone die Schale abreiben, dann die Zitrone auspressen. Zitronenschale und -saft zum Tee geben.
2. Die zweite Zitrone in dünne Scheiben schneiden. Den heißen Punsch in feuerfeste Gläser gießen. In jedes Glas eine Zitronenscheibe geben.
3. Pro Glas ein Stück Würfelzucker auf einen Teelöffel geben, mit Rum beträufeln. Den Löffel quer über das Glas legen, den getränkten Würfelzucker anzünden und brennend servieren. *Foto oben.*

Zimtschnecken

Für 24 Stück

Teig:
850 g Mehl
100-150 g Butter
50 g Hefe
1/2 l Milch
100 g Zucker
1 Prise Salz
1–2 TL Kardamom

Füllung:
60 g Butter
60 g Zucker
2 TL Zimt
2 TL Kardamom

1. Das Mehl in eine Schüssel sieben. Die Butter schmelzen, die Milch zugeben und lauwarm werden lassen. In das Mehl eine Vertiefung drücken, die Hefe hineinbröckeln. Etwas Milch über die Hefe gießen und mit wenig Mehl zu einem Vorteig rühren. Die Schüssel mit einem Küchentuch zudecken und den Vorteig 20 Minuten an einem warmen Ort gehen lassen.
2. Die restliche, lauwarme Milch, den Zucker, Salz und Kardamom nach und nach zugeben und mit dem Mehl zu einem geschmeidigen Teig verkneten. Den Teig zur Kugel formen, mit etwas Mehl bestäuben und zugedeckt nochmals 30-40 Minuten gehen lassen.
3. Butter in einem kleinen Topf schmelzen. Den Teig in zwei Teile teilen, auf der bemehlten Arbeitsfläche ausrollen, mit der flüssigen Butter bestreichen. Zucker, Zimt und Kardamom in einer kleinen Schale mischen, den Teig damit bestreuen und aufrollen. Jede Rolle in 12 Stücke schneiden.
4. Den Backofen auf 220°C vorheizen. Ein Backblech mit Backpapier auslegen. Die Teigstücke mit der Schnittfläche nach oben in entsprechende Papierförmchen geben. Auf das Backblech setzen. Die Zimtschnecken auf der mittleren Schiene in den Ofen schieben und ca. 10 Minuten backen.

Glühwein

1 l trockener Rotwein
1 unbehandelte Zitrone
2 Stangen Zimt
3 Nelken
3 EL Zucker
nach Belieben etwas Kardamom

1. Den Rotwein in einen Topf gießen und erhitzen. Die Zitrone in Scheiben schneiden und mit den Gewürzen und dem Zucker in den heißen Rotwein geben. Alles etwa 5 Minuten erwärmen, dann vom Herd nehmen und etwa 1 Stunde zugedeckt ziehen lassen.
2. Den Glühwein vor dem Servieren nochmals erhitzen und durch ein Sieb in vorgewärmte Steinkrüge – am besten mit Zinndeckel – gießen. *Foto rechts.*

1969

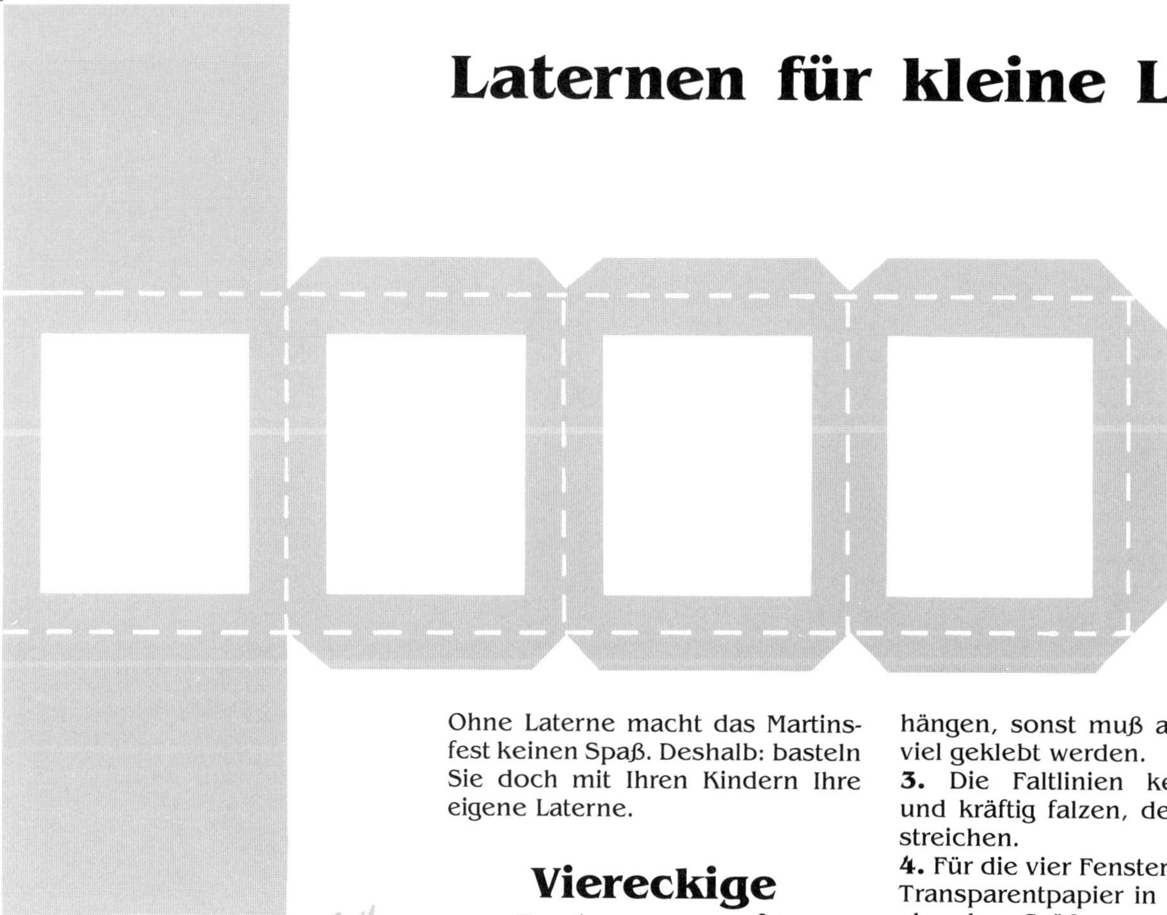

Laternen für kleine Leute

Ohne Laterne macht das Martinsfest keinen Spaß. Deshalb: basteln Sie doch mit Ihren Kindern Ihre eigene Laterne.

Viereckige Laterne mit Tonpapiermotiven

Material und Werkzeug

Schwarzes Tonpapier, buntes Transparentpapier, Klebstoff, 2 Lochverstärker, Draht für die Aufhängung, 1 Teelicht, 1 Holzstab zum Tragen der Laterne (Durchmesser ca. 1 cm, Länge ca. 50 cm), Bleistift, Lineal, spitze Schere, Bastelmesser.

Die abgebildete Laterne hat eine Höhe von 18 cm, der Boden eine Kantenlänge von 15,5 cm. Sie können diese Maße variieren, viel kleiner sollte die Laterne allerdings nicht sein.

Anleitung

1. Die Umrisse für die Laterne nach der Schablonenzeichnung auf das schwarze Tonpapier zeichnen.

2. Die Laterne mit einer Schere ausschneiden. Die einzelnen Teile der Laterne sollten zusammenhängen, sonst muß anschließend viel geklebt werden.

3. Die Faltlinien kennzeichnen und kräftig falzen, den Falz glattstreichen.

4. Für die vier Fenster der Laterne Transparentpapier in der entsprechenden Größe zuschneiden, es muß etwas größer als das Fenster sein. Das Transparentpapier von der linken Seite in die Fenster kleben.

5. Die Motive für die Fenster nach den Schablonen auf Tonpapier zeichnen und mit einem Bastelmesser ausschneiden. Wenn Sie die Laternen zusammen mit Kindern basteln, wählen Sie einfachere Motive wie Sterne, Kerzen, Tannenbäume usw.

6. Die Tonpapiermotive von außen auf das Transparentpapier kleben.

7. Die Seitenteile der Laterne zusammenkleben, dann den Boden und den Deckel befestigen. Zuvor in den Deckel 2 Löcher für die Drahtaufhängung stanzen, mit Lochverstärker verstärken.

8. Auf dem Boden der Laterne die Hülle eines Teelichts befestigen, es dient als Kerzenhalter.

TIP Da bei Verwendung von Kerzen auch immer die Gefahr besteht, daß die Laterne in Flammen aufgeht, empfiehlt sich die Verwendung eines speziellen Leuchtstabes für Laternen, den Sie in Bastelgeschäften erhalten.

Runde Laterne

Material und Werkzeug

Eine runde Span-Käseschachtel (Durchmesser ca. 16 cm) mit Deckel, Transparentpapier, buntes Tonpapier, 2 Lochverstärker, Klebstoff, 1 Teelicht, Draht für die Aufhängung, 1 Holzstab zum Tragen der Laterne (Durchmesser ca. 1 cm, Länge ca. 50 cm).

Anleitung

1. Aus dem Transparentpapier einen Mantel für die Laterne schneiden. Dafür den Umfang der Käseschachtel messen und auf jeder Seite noch 2 cm zugeben. Die Höhe der Laterne beträgt hier ca. 22 cm.
2. Auf das Tonpapier einfache Motive zeichnen: Sterne, Monde, Bäume... Die Motive mit einer Schere ausschneiden.
3. Das Teelicht auf dem Boden der Käseschachtel festkleben. Den Transparentpapiermantel über die Käseschachtel stülpen und festkleben.
4. In den Deckel der Käseschachtel mit einem Bastelmesser ein Loch von ca. 13 cm Durchmesser schneiden. 2 Löcher für die Aufhängung in den Rand bohren, mit Lochverstärker verstärken.
5. In den Holzstab eine Kerbe schneiden. Oder im Bastelgeschäft einen fertigen Laternenstab kaufen.
6. Ein Drahtstück von 50 bis 60 cm Länge zuschneiden und durch die Löcher für die Aufhängung ziehen, die Enden mehrmals gegeneinander verdrehen. Den Draht doppelt nehmen und an dem Holzstab befestigen.

Knusprige Martinsgans

Herbstsalat

Für 4 Personen

200 g Blattsalat (Lollo Rossa, Batavia, Kresse, Eichblatt etc.)
100 g frische Pilze (Pfifferlinge, Steinpilze)
100 g Rehfleisch, ohne Knochen
2 Scheiben Toastbrot
2 EL Butterschmalz
2 EL Butter
4 Wachteleier
Sauce:
3 EL Haselnußöl
1/2 TL scharfer Senf
1 EL Sherryessig
1 EL Fleischbrühe
1 Knoblauchzehe
1 Prise Thymian, getrocknet
1 EL Oregano, getrocknet
Salz
schwarzer Pfeffer aus der Mühle

1. Die Salate und die Pilze putzen und waschen. Die Salate trockenschleudern, die Pilze abtupfen und in Scheiben schneiden. Das Rehfleisch in feine Streifen schneiden.
2. Für die Sauce das Haselnußöl und den Senf verrühren. Mit dem Essig, der Brühe, dem geschälten, durchgepreßten Knoblauch, dem Thymian, 1/2 EL Oregano, Salz und Pfeffer mischen.
3. Das Toastbrot in sehr kleine Würfelchen schneiden, in 1 EL Butterschmalz in einer Pfanne hellgelb braten und herausnehmen. Die Bratpfanne ausreiben. 1 EL Butter hineingeben und die Pilze ganz kurz darin anziehen lassen. Aus der Pfanne nehmen und beiseite stellen. Die Pfanne trockenreiben, das restliche Butterschmalz hineingeben, das Fleisch darin ganz kurz anbraten. Es soll innen hellrosa bleiben.
4. Die Salatblätter auf Tellern verteilen. Die Pilze darauflegen und mit der Sauce beträufeln. Mit den Buttercroûtons und dem restlichen Oregano bestreuen.
5. Die Wachteleier aufschlagen und in der in der Pfanne verbliebenen Butter zu Spiegeleiern braten. Auf dem Salat anrichten.
Dazu paßt frisches Baguette.

Gefüllter Gänsebraten

Für 6-8 Personen

1 junge Mastgans mit Innereien (ca. 3,5 kg)
1/2 Bund Suppengrün
Salz
1 kg Eßkastanien
200 g Bratwurstfülle (Brät)
2 Scheiben Toastbrot, in Milch eingeweicht
1 Zwiebel
1 Schalotte
1 Knoblauchzehe
2 cl Kirschwasser
1 EL gehackte Petersilie
schwarzer Pfeffer aus der Mühle
Bier zum Bestreichen der Gans
1 TL Zucker
Majoran

1. Eine tiefgekühlte Gans am Vorabend aus der Packung nehmen.
2. Die ausgenommene Gans (Herz und Leber beiseite legen) innen und außen waschen und mit einem Küchentuch abtrocknen.
3. Aus dem Gänseklein, bis auf Herz und Leber, dem geputzten und kleingeschnittenen Suppengrün und Salz eine Brühe kochen.
4. Die Kastanien seitlich einkerben und im Backofen auf der mittleren Schiene etwa 20 Minuten bei 200°C backen, sie sollen nicht zu weich sein. Schälen und salzen. Den Backofen anlassen.
5. Das Gänseherz, die in Stücke geschnittene Gänseleber, die Bratwurstfülle und das gut ausgedrückte Toastbrot in einer Küchenmaschine pürieren. Die geschälte, in kleine Würfel geschnittene Zwiebel, Schalotte und Knoblauchzehe sowie die Hälfte des Kirschwassers und einige der in Würfel geschnittenen Kastanien hinzufügen. Herzhaft mit Petersilie, Salz und Pfeffer würzen. In die Gans füllen und die Öffnung mit Küchengarn zunähen.
6. Die Gans mit der Brustseite nach unten in eine Bratenpfanne oder auf den Grillrost der Bratenpfanne legen. 1/8 l kochendes Wasser hinzugießen und die Gans auf die untere Schiene in den Backofen schieben. Bei 200°C eine gute Stunde braten, dann wenden, die Keulen am unteren Ende mit einer Gabel einstechen, damit das Fett ausbraten kann, und das bisher ausgetretene Fett abschöpfen. Nach einer weiteren Bratzeit von etwa 1 1/2 Stunden (Bratzeit pro kg Gans 25 Minuten) die Gans mit etwas Bier einpinseln, damit die Haut schön knusprig wird. Dann herausnehmen und warm stellen.
7. Während der Bratzeit der Gans 3 EL Gänseschmalz erhitzen, die Kastanien hineingeben, den Zukker darüberstreuen und die Kastanien unter Wenden glasieren.
8. Den Bratensaft entfetten, mit dem restlichen Kirschwasser und einer Tasse Gänsebrühe aufgießen, mit Majoran würzen und einkochen lassen.
9. Die Füllung vorsichtig aus der Gans holen und in Scheiben schneiden.
10. Die tranchierte Gans auf einer großen Platte anrichten. Füllung, glasierte Kastanien und die Sauce getrennt dazu reichen.
Zu diesem leckeren Gänsebraten passen gedünsteter Rosenkohl und Kartoffelplätzchen.

Rosenkohl

Für 4 Personen

1 kg Rosenkohl
Salz
etwas frisch geriebene Muskatnuß
3 EL Butter
Pfeffer aus der Mühle
nach Belieben einige gebratene Speckwürfel

1. Den Rosenkohl gründlich waschen und abtropfen lassen. Die Schnittfläche abschneiden, die äußeren Blätter bei Bedarf entfernen, den Strunk kreuzweise einschneiden, damit die Röschen gleichmäßiger garen.
2. Die Röschen in wenig Salzwasser etwa 20 Minuten dünsten. Mit frisch geriebener Muskatnuß würzen.
3. Das Wasser abgießen, die Röschen unter eiskaltem Wasser kurz abschrecken. Die Butter in dem Topf zerlassen, den Rosenkohl darin schwenken, mit Pfeffer würzen. Wer es gerne mag, kann den Rosenkohl mit knusprig gebratenen Speckwürfeln mischen.
Für die Kartoffelplätzchen zum Gänsebraten siehe Rezept „Fingernudeln" auf Seite 57.

Zimteis mit Weinbirnen und Krokant

Für 4 Personen

Zimteis:
1/4 l Milch
250 g Sahne
1 Vanilleschote
1 gestrichener EL Zimt
4 Eigelb
100 g Zucker
Weinbirnen:
1/2 l Burgunderwein
80 g Zucker
1 Zimtstange
2 Gewürznelken
4 Birnen
Saft von 1/2 Zitrone
1 EL Cassislikör
6 EL Cassisgelee
Krokant:
100 g geschälte Mandeln
100 g Zucker
1 TL Butter

1. Für das Zimteis die Milch und die Sahne mit der aufgeschlitzten Vanilleschote aufkochen.
2. Inzwischen die Eigelbe mit Zucker und Zimt zu einer weißlichen Creme schlagen. Die warme Milch unter Rühren zu der Eicreme gießen. Die Milch-Ei-Creme wieder in den ausgewaschenen Topf zurückgeben und unter ständigem Rühren bis vor den Siedepunkt erhitzen, aber nicht mehr aufkochen. Die Creme erkalten lassen, dabei immer wieder umrühren. Die Vanilleschote entfernen. Die Eismasse im Tiefkühlfach 4 Stunden gefrieren lassen.
3. Für die Weinbirnen den Wein, den Zucker, die Zimtstange und die Gewürznelken aufkochen und 10 Minuten bei starker Hitze etwas einkochen lassen.
4. Inzwischen die Birnen schälen, dabei den Stiel nicht entfernen. Die geschälten Birnen mit Zitronensaft einreiben und im vorbereiteten Sirup weich kochen, ohne daß sie zerfallen. Je nach Sorte dauert das 15-30 Minuten.
5. Die Birnen aus dem Wein nehmen. Den Sud bis zur Hälfte einkochen lassen und mit Cassislikör und Cassisgelee mischen. Das Ganze so lange einkochen, bis ein dickflüssiger Sirup entsteht. Der Sirup soll an der Kelle in Tropfen hängenbleiben!
6. Für den Krokant die Mandeln grob hacken.
7. Den Zucker in einer trockenen Bratpfanne schmelzen, bis er hellbraun wird und schäumt. Die gehackten Mandeln zufügen, gut mischen und kurz karamelisieren.
8. Die Krokantmasse auf eine mit Butter bestrichene Alufolie gießen und erkalten lassen. Anschließend mit einem Nudelholz zu Bröseln zerkleinern.
9. Die Birnen in eine Schale stellen und mit dem Sirup überziehen.
10. Pro Person je eine Kugel Zimteis auf einen Teller geben. Eine Birne daneben anrichten. Das Ganze mit Sirup begießen und mit Krokant bestreuen.

TIP Das Dessert läßt sich mit fertig gekauften Zutaten auch ganz schnell zubereiten: Das Zimteis kann durch gekauftes Nußeis ersetzt werden und den Krokant gibt's fertig. Krokant läßt sich übrigens in einer Blechdose aufbewahren.

Adventskalender basteln

Große und kleine Leute lieben Adventskalender. Sie selbst zu machen, lohnt sich, denn diese Kalender können Sie übrigens mehrere Jahre verwenden.

Tannenbaum aus Holz

Material und Werkzeug

Für einen Tannenbaum von ca. 60 cm Höhe:
2 Sperrholzplatten, ca. 45 x 60 cm, 1 Holzplatte, ca. 45 x 45 cm, jeweils 5-7 mm stark; eine Laubsäge mit passenden Sägeblättern, Schmirgelpapier und einen Handbohrer.
Grüne Lackfarbe, 20-24 kleine Haken, Kneti, Basteldraht, selbstklebende Ziffern, eine große goldene Tortenspitze, Schleifenreste, Blüten oder Steckkugeln.
Insgesamt 24 Päckchen, kleine Körbe und Säckchen. Die Körbchen können Sie fertig kaufen. Wie die Päckchen und Säckchen herzustellen sind, ist unten beschrieben.

Anleitung

1. Den Tannenbaum in der entsprechenden Größe auf ein festes Stück Papier zeichnen, ausschneiden und die Schablone 2x auf die Sperrholzplatten übertragen. Die Tannenbaumteile werden ineinander gesteckt, deshalb erhält der eine Tannenbaum einen Einschnitt oben, der andere unten.
2. Einen Kreis von 40 cm Durchmesser auf die dritte Sperrholzplatte zeichnen.
3. Die Teile sorgfältig aussägen und die Kanten glattschmirgeln. Die Baumteile zusammenstecken und kontrollieren, ob sie passen. Eventuell etwas nachbessern. Die Baumteile und die Standplatte grün lackieren und über Nacht trocknen lassen.

4. An jedem Baumteil sowohl auf der Vorder- als auch auf der Rückseite fünf kleine Haken anbringen.
5. Die goldene Tortenspitze mit Kneti auf der runden Holzplatte befestigen. Die beiden Baumteile zusammenstecken und auf die Holzplatte stellen. Die Klebeziffern auf din Säckchen oder über den Haken anbringen, die Ziffern für die Adventssonntage auf der Tortenspitze befestigen.
6. Die Geschenke in die Säckchen, Körbchen und Päckchen geben und an den Haken befestigen. Die Geschenke für die Adventssonntage dürfen etwas grö-ßer ausfallen und liegen auf der Holzscheibe.

Päckchen

Material und Werkzeug

Streichholzschachteln, Geschenkpapierreste, verschiedenfarbige Schmuckbänder, Tesafilm, Schere, Maßband.

Anleitung

Kleine Geschenke wie Süßigkeiten, Zinnfiguren, kleine Glücksbringer etc. passen gut in Streichholzschachteln. Die Streichholzschachteln anschließend wie ein kleines Geschenk verpacken.
1. Das Geschenkpapier in der passenden Größe zuschneiden.
2. Die Streichholzschachtel auflegen. Das Papier auf einer Seite mit Tesa festkleben, die andere Seite darüberklappen, die Seiten schließen.
3. Die fertigen Päckchen mit bunten Bändern verzieren – sie dienen gleichzeitig als Aufhänger.

Säckchen

Material und Werkzeug

Taft-, Samt- oder auch anderes Schmuckband, 60 cm lang und 1 cm breit; 18 x 8 cm Stoff für das Säckchen, passendes Nähgarn, Maßband, Schere, Näh- und Stecknadeln, Nähmaschine. Das fertige Säckchen hat eine Größe von ca. 8 x 6 cm.

Anleitung

1. Den Stoff mit Naht- und Saumzugabe zuschneiden. Am Beuteleingriff den Saum erst 1/2 cm umschlagen, dann nochmals 1 cm umschlagen und festnähen.
2. Das Taft- oder Schmuckband in zwei 30 cm lange Stücke teilen. Jedes Teil nochmals auf die Hälfte zusammenlegen und mit dem Bug in eine Seitennaht stecken, etwa 2,5 cm unterhalb des Saums.
3. Die Seitennähte schließen, das Säckchen wenden, die Nähte glattstreichen. Das Säckchen mit Süßigkeiten oder anderen Geschenken füllen und mit zwei Bändern schließen. Die beiden anderen Bänder als Aufhänger benützen.

Spirale als Adventskalender

Material und Werkzeug

1 Drahtspirale (aus dem Bastelgeschäft), eine künstliche Tannengirlande, kleine Gegenstände zum Verzieren der Girlande (Engelchen, Schleifen, Päckchen, Seidenblumen, kleines Spielzeug, Sterne usw.), reichlich ca. 1 cm breites Schleifenband als Aufhänger für die Säckchen, 24 Säckchen mit eingenähter Schleife (Anleitung siehe Seite 16), dünner Golddraht, Schere, Klebepistole, Seitenschneider, Nähmaschine.

Anleitung

1. Die Drahtspirale mit der Tannengirlande so umwickeln, daß von dem Draht nichts mehr zu sehen ist. Das Ganze mit dünnem Golddraht umwickeln: So bekommt die Tannengirlande Halt und wird gleichzeitig geschmückt.
2. Die schmückenden Zutaten je nach Gewicht und Größe mit Golddraht oder mit der Klebepistole an der Spirale befestigen.
3. Die kleinen Säckchen werden mit den angenähten Schleifenbändern oben an der Spirale festgebunden. Die Bänder müssen so lang sein, daß sie unten aus der Spirale herausschauen. So können die einzelnen Geschenke Tag für Tag ohne Probleme einfach „abgepflückt" werden.

Adventskalender aus Streichholzschachteln

Dieser Adventskalender hat die Form eines Spruchbandes. Die 24 Streichholzschachteln können kleine Geschenke aufnehmen und tragen die Aufschrift: Fröhliche Weihnachtszeit! So kommt auf jede Streichholzschachtel ein Buchstabe, die letzte erhält das Ausrufungszeichen.

Material und Werkzeug

Eine Holzplatte (ca. 30 x 60 cm), weiße Lackfarbe, 24 Streichholzschachteln, feine Goldborte vom Meter (Länge je nach Größe der Holzplatte ausmessen), weißer Filz, Goldspray, Dekomaterial (Schleifen, Dekokugeln, Seidenblumen, Tannenzweige), weiße Kordel zum Aufhängen, Lineal und Bleistift, Laubsäge, Schmirgelpapier, Klebepistole, Basteldraht, Zeitungspapier.

Anleitung

1. Nach der Schemazeichnung das „Spruchband" mit Bleistift auf die Holzplatte zeichnen. An der dünnsten Stelle ist das Spruchband etwa 10 cm breit. Die aufgezeichnete Form mit einer Laubsäge aussägen. Anschließend die Kanten mit Schmirgelpapier sorgfältig glattschleifen.
2. Das Spruchband mit einem trockenen Tuch abwischen und eine Seite mit Lackfarbe bemalen oder besprühen. Auf Zeitungspapier trocknen lassen, am besten über Nacht, dann die andere Seite bemalen oder besprühen.
3. Die leeren Streichholzschachteln mit Goldspray besprühen und über Nacht trocknen lassen. Die Streichholzschachteln auf der Vorderseite mit weißem Filz bekleben. Die Filzstücke sollen die Vorderseite nicht ganz bedecken.

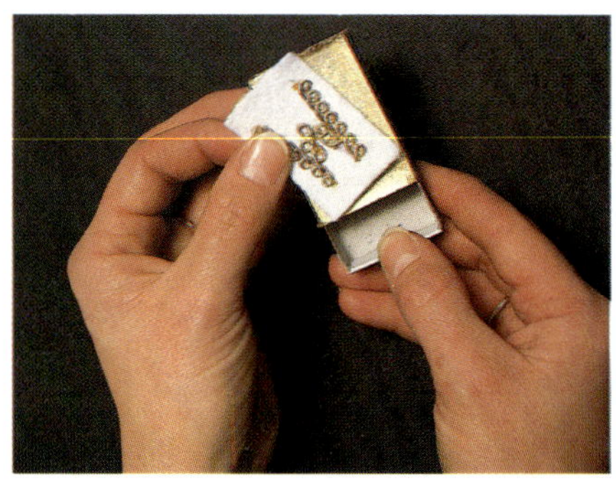

4. Aus der feinen Goldborte Buchstaben formen und auf jede Streichholzschachtel einen Buchstaben kleben. Das sollten Sie vorher einmal auf einem Stück Papier probieren.
5. Die Dekoration (Schleifen, Deko-Kugeln, Seidenblumen usw.) mit der Klebepistole seitlich befestigen.
6. Für die Kordel oben in das Spruchband zwei Löcher bohren. Die Kordel durchziehen und hinten fest verknoten.

Fröhliche
Weihnachtszeit!

Korb mit Päckchen

Material und Werkzeug

1 Korb, Farbe aus der Sprühdose, verschieden breite und lange Schleifen, eine kleine Weihnachtsdecke (gekauft oder selbst hergestellt, sie sollte über den Korbrand hängen), 24 kleine Geschenke (verpackt in passenden Kartons oder in verschieden großen, selbstgenähten Säckchen), einige Tannenzweige, goldene oder rote Seidenblumen (Weihnachtssterne), Schleifenband, Basteldraht, Klebepistole, Seitenschneider.

Anleitung

1. Den Korb von allen Seiten mit Farbe besprühen und trocknen lassen. In der Zwischenzeit die Säckchen nähen (Anleitung siehe Seite 55) oder die Päckchen verpacken.
2. Aus künstlichem Tannengrün, den Seidenblumen und Schleifen ein kleines Bukett legen, mit Draht gut abbinden, die Abbindestelle mit einer großen Schleife verzieren.
3. Eine Weihnachtsdecke passend zum Korb kaufen oder nähen.

Weiß-goldene Weihnachtsdecke

Material und Werkzeug

Ein Stück weißes Linon (die Größe richtet sich nach der des Korbes, die Decke sollte in den Korb passen), Schablonen mit Weihnachtsmotiven (Tannenbaum, Schneemann und Stern), weiße Nähseide, Bleistift, festes Papier, Goldspray, Schere, Nähmaschine.

Anleitung

1. Den Stoff einmal heiß durchwaschen, damit die Appretur entfernt wird: So haftet die Farbe besser und der Stoff kann später nicht mehr einlaufen.
2. Die Tischdecke säumen. Die Weihnachtsmotive auf Papier übertragen und mit einem Bastelmesser ausschneiden.
3. Die Verteilung der Motive auf der Decke bestimmen, die Punkte markieren. Die Motive mit doppeltem Faden und Heftstichen auf dem Stoff fixieren.
4. Mit dem Goldspray rasch über die Motive sprühen. Die Farbe gut antrocknen lassen. Wenn die Farbe trocken ist, das Tuch von rechts und links bügeln - benützen Sie ein Bügeltuch und verwenden Sie Sprühstärke.

TIP Das Tuch läßt sich problemlos bei 60° C waschen.

Adventskalender „Schlamperwand"

Ein Adventskalender, der auch nach der Weihnachtszeit noch von Nutzen ist. Die fertige Schlamperwand ist etwa 55 x 55 cm groß.

Material und Werkzeug

1,10 m Nessel (1,40 breit), ca. 6 m Schlingenborte (1 cm breit), 55 cm Weihnachtsborte (ca. 60 cm lang und 5 -10 cm breit), passende Nähseide, Nähmaschine, farblich passende Kordel als Aufhänger, etwas Deko-Material (Tannengrün, Seidenblumen, Kugeln), 55 cm aufbügelbare Vlieseline, 1 Holzstab, Stoffreste und Borte für 4 Säckchen, 4 goldfarbene Ringe (Durchmesser 2-3 cm), selbstklebende Zahlen von 1 bis 24, Klebepistole, Basteldraht, Maßband.

Anleitung

1. Aus dem Nessel einen Streifen von 110 x 55 cm zuschneiden. Die Vlieseline auf 55 x 55 cm zuschneiden und auf eine Hälfte des Stoffes von links aufbügeln.
2. Den Stoffstreifen mit den linken Seiten nach außen auf die Hälfte zusammenlegen und die beiden Seitennähte schließen. Wenden und die Kanten von rechts schmalkantig absteppen.
3. Am oberen Rand einen Saum von 4 cm nach vorn umschlagen, so festnähen, daß ein Tunnel für den Stab entsteht. Die Weihnachtsborte auf die Naht heften und festnähen, die Naht soll abgedeckt sein.
4. Aus dem restlichen Nessel drei Streifen à 55 x 15 cm, 55 x 18 cm und 55 x 22 cm nähen. Die Streifen jeweils auf den langen Seiten 1 cm breit säumen. Säume mit Schlingenborte abdecken. Mit der Naht nach unten auf die Schlamperwand nähen. Dann oben den schmalsten, unten den breitesten Streifen befestigen. Zwischen den Streifen genügend Abstand lassen. Die Nähte und die Ränder nach Belieben mit Schlingenborte abdecken.

5. Senkrecht Taschen in verschiedenen Größen abteilen und mit der Nähmaschine absteppen.

6. Aus Stoffresten vier Säckchen nähen (Anleitung siehe Seite 55). Die Säckchen an der Unterkante mit der Weihnachtsborte verzieren. An der Schlamperwand vier Goldringe befestigen, an denen die Säckchen später befestigt werden können.

7. Aus dem restlichen Nessel drei Streifen à 40 x 10 cm zuschneiden. Die Seiten schmal säumen. Aus den Bändern drei Schleifen legen, in der Mitte mit Basteldraht abbinden. Die Schleifen nach Belieben mit dem Deko-Material verzieren. Die Schleifen an den beiden oberen Ecken der Schlamperwand und in der Mitte der Kordel befestigen.

8. Den Holzstab durch den Tunnel am oberen Rand schieben. Die Kordel für die Aufhängung an beiden Enden befestigen. An beiden Ecken und in der Mitte der Kordel eine Schleife festmachen.

9. Die Taschen der Schlamperwand und die Säckchen mit kleinen Geschenken füllen. Die Taschen können mit selbstklebenden Zahlen beklebt werden.

Kränze für die Adventszeit

Es muß nicht immer der tradionelle Adventskranz sein. Wie wäre es mit einem rustikalen Strohkranz oder einem Halbtürkranz?

Halbtürkranz

Material und Werkzeug

1 Halbkranz aus künstlichem Tannengrün (erhältlich in Bastelgeschäften), 1 kleiner Kunststoffengel (ca. 6-8 cm groß), etwa 2 m Perlenschnur vom Meter, goldene Rosen und Blätter, weiße Blüten und Blätter, einige goldene Dekosteck-Kugeln, selbstgemachter Perlenschmuck (Anleitung auf Seite 22), ca. 1,20 m langes und 3 cm breites Band in Weiß/Gold, 1,20 m langes und 1 cm breites Goldband, dünner Basteldraht, Klebepistole, Seitenschneider, Schere.

Anleitung

1. Die Stiele von Blüten und Blättern auf ca. 3 cm zurückschneiden. Aus den Bändern großzügige Schleifen legen und mit Draht abbinden (Anleitung siehe Seite 23). Mit der Klebepistole zuerst die große und dann die kleine Schleife in der Mitte des Türkranzes befestigen. Die Klebestelle mit dem kleinen Engel verdecken.
2. Ein Ende der Perlenschnur zur Schleife legen, andrahten und an einem Ende des Türkranzes festkleben oder mit Draht befestigen. Das freie Ende der Perlenschnur mehrmals um den Kranz schlingen, an einigen Enden mit Kleber oder Draht fixieren und am anderen Ende des Kranzes aus der Perlenschnur wieder eine Schleife legen und wie die erste fixieren.
3. Den Türkranz nach Belieben mit den Dekorationsmaterialien verzieren. Die Teile entweder festkleben oder mit Draht fixieren.

Perlensterne

Material und Werkzeug

Pro Stern 30 gold- oder silberfarbene Wachsperlen (Durchmesser etwa 0,5 cm) mit Loch, dünne Gold- oder Silberschnur für die Aufhänger, Basteldraht, Schere.

Anleitung

1. Von dem Draht ein etwa 50 cm langes Stück abschneiden. Fünf Perlen auffädeln, zum Kreis schließen, dabei ein Drahtende sehr lang stehen lassen. Den Draht mehrmals gegeneinander verdrehen, so daß sich der Kreis nicht mehr öffnen kann. *Foto oben.*

2. Wieder 5 Perlen auffädeln, den Draht zurück zum Kreis führen, eine Perle im Kreis überspringen, den Draht durch die nächste Perle führen, fixieren. So fortfahren bis der Stern fünf Zacken hat. Das Drahtende am Schluß gut fixieren, nochmals durch zwei Perlen führen, abschneiden. *Foto links unten.*
3. Passende Aufhänger anbringen.

Perlenringe

Material und Werkzeug

Pro Ring 12-14 Wachsperlen (Durchmesser 0,5 - 0,8 cm) beidseitig gelocht, Basteldraht, grobzackiger, goldener Bouillondraht, 20 cm schmales, weißes Band, 40 cm dünne Goldkordel, 2 goldene Sternchen (Durchmesser 0,8 cm), Schere, Klebepistole.

Anleitung

1. Die Perlen locker auf den Draht auffädeln, die Drahtenden nur locker gegeneinander verdrehen.
2. Ein langes Stück Bouillondraht nehmen, nicht abschneiden. Den Bouillondraht an der Außenseite des Rings über jede Perle führen, nach jeder Perle einmal um den Mitteldraht schlingen.
3. Wieder ein langes Stück von dem Bouillondraht abwickeln und nun an der Innenseite des Rings um die Perlen führen. Nach jeder Perle den Bouillondraht einmal um den Mitteldraht schlingen.
4. Am Schluß den Bouillondraht durch zwei Perlen ziehen und abschneiden. Ist der Perlenring zu locker, den Draht fester anziehen. Ist der Ring zu fest, den Draht noch etwas lockern, die Enden gegeneinander verdrehen, durch zwei Perlen ziehen, abschneiden.
5. Das weiße Band zur Schleife legen. Aus der Goldkordel gemäß der Zeichnung eine Doppelschleife mit Aufhänger legen und mit Draht abbinden. Beide Schleifen auf die Verschlußstelle des Rings kleben oder mit Draht fixieren. Die Klebestelle beidseitig mit einem goldenen Sternchen bekleben.

Schleifen legen

1. Einfache Schleife: Das Band oder den Stoffstreifen zur Schlaufe legen. Um die Mitte einen Draht schlingen, fest anziehen und die Enden gut gegeneinander verdrehen. *Foto oben.*

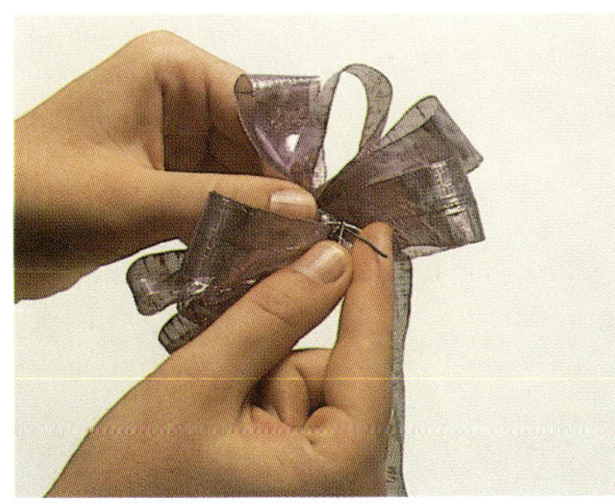

2. Doppelte oder mehrfache Schleife: Je nachdem, wie groß die Schleife werden soll, das Band oder Stoffstück mehrmals übereinander legen, Draht um die Mitte der Schlaufen legen, fest anziehen und die Drahtenden gegeneinander verdrehen. *Foto oben.*

TIP Diese Schleifen können Sie gut auf Kränzen feststecken, wie dekorativ das aussieht, zeigt der Halbtürkranz. Natürlich können Sie damit auch Geschenken einen festlichen Charakter verleihen.

Strohkranz

Material und Werkzeug

1 Strohkranz (Durchmesser etwa 35 cm), 1 Holzständer (Höhe etwa 40 cm), 4 m langes und 3 cm breites Band für Schleife und Aufhänger, für die vier kleinen Schleifen je ein 50 cm langes und 2 cm breites Band, farblich abgestimmte Seidenblumen, 1,20 m langes und 2-3 cm breites Band für die Ständerschleife, 20-28 mit Bouillondraht verzierte Nelken, 4 Kerzenhalter, passende Kerzen, 2 m dünne Kordel, 4 kleine, grüne Manschetten, 8 kleine Glöckchen, Farbe für den Ständer, Basteldraht, Pinsel, Klebepistole, Schere.

Anleitung

1. Den Holzständer naturbelassen – oder wie hier – grün anmalen. Trocknen lassen.
2. Von dem 4 m langen Band ca. 2 x 1 m abschneiden. Jedes der vier Enden an den Strohkranz knoten. Die Bänder über Kreuz in den Ständer einhängen (Abweichungen ergeben sich eventuell aus der Ständerhöhe). Der Kranz sollte ca. 10 cm über der Tischfläche hängen.
3. Aus dem Rest des Bandes 4 gleich große Schleifen legen. (siehe Seite 23), drahten und auf die Stellen legen, wo die Bänder am Kranz festgeknotet sind.
4. Das andere Band in 4 gleiche Teile schneiden, ebenfalls zu Schleifen legen, auf die bereits am Kranz befestigten Schleifen legen.
5. In je eine kleine grüne Manschette kleine Seidenblüten und einige, mit goldenem Bouillondraht verzierte Nelken kleben (siehe Seite 60).
6. Die gefüllten Manschetten auf die Abbindestellen der Schleifen kleben.
7. Je 2 Glöckchen an die Kordel binden und um die Schleife hängen.
8. Die Kerzenhalter mit den Kerzen auf den Kranz stecken.
9. Das 1,20 m lange Band zu einer mehrschlaufigen Schleife legen, drahten und oben auf den Holzständer stecken.

Traditioneller Adventskranz in Rot und Grün

Material und Werkzeug

1 Kranz (Durchmesser ca. 50 cm) aus echter oder künstlicher Tanne, 4 x 1 m langes und 4 cm breites Band in Rot-Gold-Grün, 4 x 1 m langes und 1 cm breites rotes Taftband, 8 Streichholzschachteln, Goldfolie, goldenes Ringelband, 4 Holzscheiben (Durchmesser 5-7 cm) als Kerzenhalter, 4 rote Kerzen, 8 lange Nägel, 4 rot-bunte Biedermeier-Manschetten als Tropfenfänger, 4 Scheiben aus fester Pappe (Durchmesser 5-7 cm), Goldspray, goldener Basteldraht, Klebepistole, Schere, Hammer.

Anleitung

1. Die Holzscheiben mit Goldfarbe ansprühen und über Nacht trocknen lassen. In die Mitte jeder Holzscheibe einen Nagel schlagen, er dient als Dorn für die Kerze. In die Gegenrichtung

ebenfalls einen Nagel schlagen, mit ihm wird der Kerzenhalter am Kranz befestigt.

2. Aus dem breiten Band vier doppelte Schleifen legen, mit Draht abbinden. Aus dem roten Taftband vier 6-schlaufige Schleifen legen, jede mit Draht abbinden.

3. Aus leeren Streichholzschachteln und Goldfolie acht kleine Päckchen packen. Mit goldenem Ringelband verzieren.

4. Auf die Abbindestelle der großen Schleifen je zwei Päckchen kleben. Die kleine Schleife daraufkleben. Klebstoff gut trocknen lassen. Das Gebinde auf den Kranz kleben oder mit Draht befestigen.

5. Die Kerzenhalter von oben durch den Kranz stecken, die Pappscheiben von unten gegen die Nägel drücken, das gibt Halt und ist gleichzeitig ein gewisser Schutz vor Kratzern auf dem Tisch. Allerdings muß die Pappe wirklich dick sein. Ebensogut geeignet sind Korkscheiben, die Sie von Flaschenkorken abschneiden können.

6. Auf jeden Kerzenhalter eine Manschette geben, dann die Kerze feststecken. *Foto rechts.*

Adventskranz in Altrosétönen

Material und Werkzeug

1 Adventskranz aus künstlichen Tannenzweigen, 7-9 Papier- oder Seidenrosen, 1,20 m langes Spitzenband, 1,20 m langes Band mit Rosenmotiven, 4 fliederfarbene Kerzen, 4 Kerzenhalter zum Feststecken, 4 Flaschenkorken, 1 Terrakotta-Engel, Basteldraht, Klebepistole, Nadel und Faden.

Anleitung

1. Den Kranz großzügig und locker mit goldenem Basteldraht umwickeln. Die Rosen zu einem Bukett legen und mit Draht zusammenbinden. Die Drahtenden durch den Kranz stecken, wieder nach oben führen und das Rosenbukett fixieren.

2. Aus je 40 cm Spitzenband Kerzenmanschetten nähen. Dafür die Spitze an einer Seite mit Heftstichen schmalkantig säumen. Den Faden anziehen, so daß sich die Spitze zum Ring schließt (an den Kerzen Maß nehmen) und die Fadenenden mehrmals verknoten. Faden abschneiden.

3. Die verbleibende Spitze zur Schleife legen und mit Draht fixieren. Das bedruckte Band ebenfalls zur Schleife legen und mit Draht fixieren. Beide Schleifen übereinander auf die Bindestelle des Rosenbuketts kleben. Den Terrakotta-Engel in die Mitte der Schleife kleben.

4. Die Kerzenhalter asymmetrisch auf dem Kranz anbringen. Auf der Kranzunterseite jeweils mit einer dicken Korkenscheibe sichern. Erst die Manschetten, dann die Kerzen auf die Kerzenhalter stecken. *Foto links.*

Das ist die stillste Zeit im Jahr

Karl Heinrich Waggerl

Advent, sagt man, sei die stillste Zeit im Jahr. Aber in meinem Bubenalter war er keineswegs die stillste Zeit. Zu Anfang Dezember, in den unheimlichen Tagen, während Sankt Nikolaus mit dem Klaubauf unterwegs war, wurde ich in den Wald geschickt, um den Christbaum zu holen. Mit Axt und Säge zog ich aus, von der Mutter bis zum Hals in Wolle gewickelt und mit einem geweihten Pfennig versehen, damit mich ein heiliger Nothelfer finden konnte, wenn ich mich etwa verirrte. Ein Wunder von einem Baum stand mir vor Augen, mannshoch und sehr dicht beastet, denn er sollte nachher ja auch etwas tragen können. Stundenlang kroch ich im Unterholz herum, aber ein Baum im Wald sieht sich ganz anders an als einer in der Stube. Wenn ich meine Beute endlich daheim in die Waschküche schleppte, hatte sich das schlanke, pfeilgerade Stämmchen doch wieder in ein krummes und kümmerliches Gewächs verwandelt, auch der Vater betrachtete es mit Sorge. Er mußte seine ganze Zimmermannskunst aufwenden, um das Ärgste zurechtzubiegen, ehe uns die Mutter dazwischenkam.

Ach, die Mutter! In diesen Wochen lief sie mit hochroten Wangen herum, wie mit Sprengpulver geladen, und die Luft in der Küche war sozusagen geschwängert mit Ohrfeigen. Dabei roch die Mutter so unbeschreiblich gut, überhaupt ist ja der Advent die Zeit der köstlichen Gerüche. Es duftet nach Wachslichtern, nach angesengtem Reisig, nach Weihrauch und Bratäpfeln. Ich sage ja nichts gegen Lavendel und Rosenwasser, aber Vanille riecht doch eigentlich viel besser, oder Zimt und Mandeln.

Mich ereilten dann die qualvollen Stunden des Teigrührens. Vier Vaterunser das Fett, drei die Eier, ein ganzer Rosenkranz für Zucker und Mehl. Die Mutter hatte die Gewohnheit, alles Zeitliche in ihrer Kochkunst nach Vaterunsern zu bemessen, aber die mußten laut und sorgfältig gebetet werden, damit ich keine Gelegenheit fände, den Finger in den köstlichen Teig zu tauchen. Wenn ich nur erst den Bubenstrümpfen entwachsen wäre, schwor ich mir damals, dann wollte ich eine ganze Schüssel voll Kuchenteig aufessen, und die Köchin sollte beim geheizten Ofen stehen und mir dabei zuschauen müssen! Aber leider, das ist einer von den Knabenträumen geblieben, die sich nie erfüllt haben.

Am Abend nach dem Essen wurde der Schmuck für den Christbaum erzeugt. Auch das war ein unheilschwangeres Geschäft. Damals konnte man noch ein Buch echten Blattgoldes für ein paar Kreuzer beim Krämer kaufen. Aber nun galt es, Nüsse in Leimwasser zu tauchen und ein hauchdünnes Goldhäutchen herumzublasen. Das Schwierige bei der Sache war, daß man vorher nirgendwo Luft von sich geben durfte. Wir saßen alle in der Runde und liefen blaurot an vor Atemnot, und dann geschah es eben doch, daß plötzlich jemand niesen mußte. Im gleichen Augenblick segelte eine Wolke von glänzenden Schmetterlingen durch die Stube. Einerlei, wer den Zauber verschuldet hatte, das Kopfstück bekam jedenfalls ich, obwohl es nur bewirkte, daß sich der goldene Unsegen von neuem in die Lüfte hob. Ich wurde dann in die Schlafkammer verbannt und mußte Silberpapier um Lebkuchen wickeln.

Es kam endlich doch der Heilige Abend, und mit ihm die letzte der Prüfungen, das Bad in der Küche. Das fing ganz harmlos an, ich saß im Zuber wie ein gebrühtes Schweinchen und plätscherte verschämt mit dem Wasser, in der Hoffnung, daß ich nun doch schon groß genug sei, um der Schande des Gewaschenwerdens zu entgehen. Aber plötzlich fiel die Mutter wieder mit der Reisbürste über mich her, es half nichts, kein Gezeter und Gespreize. Erst in der äußersten Not erbarmte sich der Vater und nahm ein bis zur Unkenntlichkeit entstelltes, ein durchscheinendes Geschöpf in seine Arme. Da war sie nun wirklich, die stillste Zeit im Jahr, wirklich Stille und Friede und köstliche Geborgenheit an seiner breiten

Brust. Später, wenn die Kerzen am Baum längst erloschen waren, um die Mitternacht, durfte ich die Mutter zur Messe begleiten. Ich weiß noch gut, wie stolz ich war, als sie mich zum erstenmal nicht mehr an der Hand führte, sondern neben sich hergehen ließ als ihren Sohn und Beschützer. Auch in der Kirche kniete ich nun auf der Männerseite. Die Frauen sangen auf dem Chor, und der Pfarrer am Altar hielt eine Weile inne, um das Weihnachtslied anzuhören, diese holde Weise von der stillen Nacht, die schon so lang, über Grenzen und Zeiten hinaus, das Gemüt der Menschen bewegt.

Und wir Heutigen? Leben wir nicht auch in einer Weltzeit des Advents? Scheint uns nicht alles von der aufkommenden Finsternis bedroht zu werden, das karge Glück unseres Daseins? Wir warten bang auf den Engel mit der Botschaft des Friedens und überhören so leicht, daß diese Botschaft nur denen gilt, die guten Willens sind. Es ist keine Hilfe und keine Zuflucht bei der Weisheit der Weisen und bei der Macht der Mächtigen. Denn der Herr kam nicht zur Welt, damit die Menschen weiser, sondern damit sie gütiger würden. Und darum sind es allein die Kräfte des Herzens, die uns vielleicht noch werden retten können.

Maria durch ein Dornwald ging

Was trug Maria unterm Herzen?
Kyrie eleison,
Ein kleines Kindlein ohne Schmerzen,
Das trug Maria unterm Herzen.
Jesus und Maria.

Da haben die Dornen Rosen getrag'n;
Kyrie eleison.
Als das Kindlein durch den Wald getragen,
Da haben die Dornen Rosen getrag'n.
Jesus und Maria.

Melodie: Aus dem Eichsfeld
Aus: A. von Harthausen, Geistliche Volkslieder, 1850

Auf dem Berge, da gehet der Wind

Aus: „Des Knaben Wunderhorn". Ursprung vermutlich in Schlesien.

Die erste Adventswoche

Mich deucht, ich sah ...

**Mich deucht, ich sah einen güldenen Schein:
Guckt da nicht Sankt Niklas zum Fenster herein?
Glocken erklingen in weiter Ferne.
Bratäpfelduft aus dem Ofen quoll.
Am nachtklaren Himmel schimmern die Sterne
verheißungsvoll
und schauen das Treiben und freuen sich mit
bei der eilenden Menschen frohklingendem Schritt.
Friedvolles Hasten weit und breit:
Weihnacht ist nahe! O heimliche Zeit!**

Albert Sergel

Vorweihnachtliches Backvergnügen

Dresdner Christstollen

1 kg Weizenmehl
1 TL Salz
40 g frische Hefe
¹/₄ l lauwarme Milch
250 g Butter
150 g Schweineschmalz
150 g Zucker
2 Eigelb
etwas abgeriebene Schale von
1 unbehandelten Zitrone
200 g Mandeln
10 g bittere Mandeln (können auch entfallen)
125 g Zitronat
500 g Rosinen
150 g Butter zum Bestreichen
150 g Puderzucker zum Bestreuen

1. Das Mehl mit dem Salz in einer Schüssel vermischen. In die Mitte eine Vertiefung drücken. Die Hefe hineinbröckeln und mit der Hälfte der Milch und etwas Mehl zu einem Vorteig verrühren. Zugedeckt an einem warmen Ort 30 Minuten gehen lassen.
2. Die Butter und das Schmalz in der restlichen Milch schmelzen lassen, um den Vorteig gießen. Den Zucker, die Eigelbe und die abgeriebenen Zitronenschale hinzufügen. Alles zu einem glatten Teig verarbeiten und so lange schlagen, bis er sich vom Schüsselboden löst. Zugedeckt an einem warmen Ort gut 1 Stunde gehen lassen.
3. Inzwischen die Mandeln mit kochendem Wasser überbrühen und abziehen, dann grob hacken. Das Zitronat fein würfeln, die Rosinen waschen.
4. Mandeln, Zitronat und Rosinen unter den Teig kneten. Den Stollenteig zu einer runden Platte ausrollen und von beiden Seiten so übereinanderschlagen, daß eine Stollenform entsteht. Den Stollen leicht zusammendrücken.
5. Den Stollen einige Stunden oder über Nacht ruhen lassen.
6. Den Backofen 10 Minuten auf 190°C vorheizen. Das Backblech mit Backpapier auslegen.
7. Den Stollen auf das Backblech setzen und auf der unteren Schiene des Backofens in 1¹/₄ bis 1¹/₂ Stunden schön braun backen. Mit einer Stricknadel prüfen, ob der Stollen gar ist.
8. Die Butter in einem Topf zerlassen. Den Stollen nach dem Backen auf ein Kuchengitter legen. Noch warm mit der Hälfte der Butter bestreichen und mit der Hälfte des Puderzuckers bestäuben. Diesen Vorgang nach 5 Minuten wiederholen. *Foto rechts.*

Anisplätzchen

4 Eier
200 g Zucker
250 g Mehl
1 TL Anis, gemahlen

1. Die Eier mit dem Zucker schaumig schlagen. Das Mehl langsam dazusieben, den gemahlenen Anis ebenfalls dazugeben.
2. Ein Backblech mit Backpapier auslegen oder einfetten. Aus dem Teig kleine runde Häufchen formen und auf das Backblech legen. Mit einem Küchentuch bedecken und über Nacht an einem kühlen Ort ruhen lassen.
3. Am nächsten Tag den Backofen auf 150° C vorheizen. Die Anisplätzchen auf der mittleren Schiene in den Backofen schieben und etwa 30 bis 40 Minuten backen. Der Boden der Plätzchen sollte leicht gebräunt, das Häubchen aber noch weiß sein.

Feines Früchtebrot

Für eine Kastenform von 30 cm Länge:
125 g getrocknete Feigen
100 g getrocknete Datteln
125 g Sultaninen
100 g Orangeat
100 g Zitronat
125 g Haselnüsse
7 große Walnüsse
etwas Butter für die Form
Semmelbrösel zum Ausstreuen der Form
3 Eier
125 g Zucker
2 EL Rum
125 g Mehl
1 TL Zimt, gemahlen
1 TL Backpulver

1. Die Früchte und Nüsse sollten möglichst frisch sein, deshalb hackt und schneidet man sie am besten selbst. Die Feigen und Datteln in feine Streifen schneiden. Die Sultaninen, Orangeat und Zitronat und die Nüsse grob bis mittelfein hacken.
2. Die Kastenform mit Butter einfetten und mit den Semmelbröseln ausstreuen. Den Backofen auf 150°C vorheizen.
3. Die Eier mit dem Zucker schaumig rühren, bis sich der Zucker gelöst hat. Die gehackten Früchte und Nüsse dazugeben und den Rum unterrühren.
4. Mehl mit Zimt und Backpulver mischen und über die Masse sieben. Alles gut verkneten. Diesen Teig in die vorbereitete Kastenform füllen und auf der 2. Schiene von unten bei 150°C etwa 60 bis 90 Minuten backen.
Nach einer Stunde Backzeit eventuell die Oberfläche mit Folie bedecken, damit sie nicht zu dunkel wird.
5. Nach dem Backen das Früchtebrot noch mindestens 15 Minuten in der Form ruhen lassen. Dann aus der Form lösen und auf einem Kuchengitter völlig erkalten lassen.
Das Früchtebrot nach dem Auskühlen in Alufolie wickeln oder in einer Blechdose aufbewahren, so können Sie es wochenlang aufbewahren. *Foto oben.*

Quarkstollen

150 g Butter
150 g Zucker
2 Päckchen Vanillinzucker
3 Eier
100 g getrocknete Aprikosen
100 g Orangeat
50 g Zitronat
Saft von 1 Orange
Saft von 1 Zitrone
250 g Speisequark
600 g Mehl
1 Päckchen Backpulver
125 g Rosinen
Margarine zum Einfetten
Mehl zum Bestäuben
50 g zerlassene Butter
25 g Puderzucker

1. Die Butter, den Zucker und den Vanillinzucker in einer Schüssel schaumig rühren. Eier nach und nach dazugeben. Kräftig weiterrühren.
2. Die Aprikosen waschen, abtropfen lassen und zusammen mit dem Orangeat und Zitronat fein hacken. Mit Orangen- und Zitronensaft in die Butter-Zucker-Eier-Masse geben.
3. Den Quark durch ein Sieb in die Schüssel streichen. Das Mehl mit dem Backpulver mischen und darüber streuen. Alles gut verrühren und kräftig kneten. Es muß ein fester Teig entstehen.
4. Die Rosinen in einem Sieb unter heißem Wasser gründlich abbrausen. Abtropfen lassen, mit Haushaltspapier trockenreiben. In etwas Mehl wälzen und in den Teig kneten. Den Teig zu einem Stollen formen. Auf das eingefettete und mit Mehl bestäubte Backblech legen, in den auf 200°C vorgewärmten Backofen schieben und ca. 70 Minuten backen.
5. Nach 50 Minuten mit Alufolie abdecken. Aus dem Ofen nehmen und noch warm mit zerlassener Butter bestreichen und mit Puderzucker bestreuen.

Springerle

2 Eier
1 Prise Salz
250 g Zucker oder Puderzucker
abgeriebene Schale von
1/2 unbehandelten Zitrone
1 EL Anis (nach Geschmack)
1-2 EL Kirschwasser
250 g Mehl
1 Msp. Hirschhornsalz

1. Die Eier trennen. Das Eiweiß mit einer Prise Salz steif schlagen. Den Zucker oder Puderzucker langsam unter Rühren einrieseln lassen und so lange weiterschlagen, bis der Eischnee beim Hochziehen des Handrührgeräts steife Spitzen bildet.
2. Die Eigelbe, die abgeriebene Zitronenschale und nach Belieben Anis und Kirschwasser zufügen. Das Mehl mit dem Hirschhornsalz mischen und in den Eischnee sieben. Alles zu einem glatten Teig verkneten.
3. Den Teig in Alufolie wickeln und mindestens 1 Stunde kühl stellen.
4. Den Teig auf bemehlter Arbeitsfläche ausrollen. Die Springerleformen mit Mehl bestäuben, auf den Teig drücken und die Formen ausschneiden. Den Teig aus der Form klopfen und auf ein gefettetes Backblech setzen (mit dem Muster nach oben). Die Springerle mit einem Küchentuch zudecken und über Nacht an einem kühlen Ort ruhen lassen.
5. Den Backofen auf 150-175°C vorheizen. Die Springerle darin ca. 20 Minuten backen, dabei die Backofentür einen Spalt geöffnet halten (eventuell einen Kochlöffel dazwischenklemmen). Dann die Türe schließen und die Temperatur auf 175-200°C erhöhen. Weitere 10-15 Minuten backen. Die Oberfläche der Springerle sollte weiß bleiben.
6. Die Springerle aus dem Ofen nehmen und auf einem Kuchengitter auskühlen lassen. Die Springerle können mit Zuckerguß glasiert oder mit Lebensmittelfarbe angemalt werden. *Foto rechts.*

Adventlich geschmückte Räume

Adventssträuße und Weihnachtsgirlanden schmücken und verschönern jeden Raum. Hier einige originelle Ideen zum Nachbasteln.

Weihnachts-girlande

Für eine Weihnachtsgirlande benötigen Sie pro Meter etwa 8-10 Päckchen.

Material und Werkzeug

Styropor oder Steckmoos, goldenes Geschenkpapier, rotes, schmales Band, pro Päckchen 50 cm langes und 1 cm breites Ziehband für die Schleife, pro Päckchen 15 cm Perlenschnur, dünne Goldkordel, 1 Stricknadel oder 1 lange Stopfnadel, Klebepistole, 1 Stecknadel, großes Messer, 1 Brettchen zum Zuschneiden des Styropors, Schere.

Anleitung

1. Aus dem Steckmoos oder dem Styropor mit dem Messer kleine Quader in den Maßen von ca. 5 x 4 x 5 cm zuschneiden und in Goldpapier einwickeln. Mit dem Geschenkband verschnüren, die Stecknadel in den Knoten stekken, dann rutscht das Band nicht weg. Nach einem Doppelknoten die Bandenden auf etwa 4-5 cm kürzen.
2. Die Ziehschleife ziehen. Die Perlenschnur in 3 gleiche Teile schneiden. Erst die Perlenschnur, dann die Schleife auf das Päckchen kleben.
3. Mit der Stricknadel durch jedes Päckchen durchstechen. Die Goldkordel mit Hilfe der Stopfnadel durch die Öffnung ziehen. Eventuell mit der Klebepistole fixieren.

Zimtleiter

Material und Werkzeug

Pro Leiter 6 Zimtstangen, 40 cm langes, schmales Band als Aufhänger, 1 kleine, goldene Figur (Engel o.ä.) zum Aufkleben, Sternendraht, kleine Blüten, Beeren, Zweige, goldener Basteldraht, Klebepistole.

Anleitung

1. Aus den Zimtstangen eine Leiter kleben. Für die Sprossen die Zimtstangen halbieren. Die Klebestellen kreuzweise mit goldenem Basteldraht umwickeln.
2. Die beiden Enden des Bandes zu einer kleinen Schleife legen, mit Draht fixieren. Mit Draht an der Leiter befestigen oder mit der Klebepistole ankleben.
3. Die goldene Figur auf die Sprossen kleben. Die restlichen Zutaten zu einem kleinen Gebinde arrangieren und seitlich ankleben oder mit Draht festbinden. Sternendraht zu einer großzügigen Schleife legen und ankleben.

Geschenkdose

Material und Werkzeug

1 Spandose (Größe nach Wahl), dicke, glänzende Kordel, 60 cm langes und 3 cm breites Schleifenband, 3-5 goldene Weihnachtssterne, 50 cm dünne Perlenschnur, 1-3 kleine, goldene Deko-Steck-Kugeln, 60 cm dünne Goldkordel, 2 kleine Goldglöckchen, 3-5 farblich passende Blüten, Schere, Basteldraht, Klebepistole.

Anleitung

1. Ober- und Unterteil der Dose mit Kordel bekleben. Auf dem Deckel am besten von außen nach innen kleben. Die Kordel stückchenweise mit Kleber bestreichen und festdrücken. Darauf achten, daß sich die Dose noch gut öffnen und schließen läßt.
2. Die Blütenstiele in unterschiedlicher Länge abschneiden. Die Perlenschnur in 15-20 cm lange Stücke schneiden. Mit Basteldraht bündeln. Die Glöckchen an die dünne Goldkordel binden.
3. Das Schleifenband zu einer großzügigen Schleife legen, mit Basteldraht abbinden (Anleitung siehe S. 23). Die Schleife auf den Deckel kleben, die Blüten, Perlenschnüre, Goldglöckchen und Deko-Steck-Kugeln nach und nach auf der Schleife festkleben.

TIP Legen Sie die Dekomaterialien erst einmal probeweise auf die Schleife, bevor Sie sie festkleben.

Adventsstrauß aus Tannengrün

Material und Werkzeug

Kleine Watte- oder Styroporkugeln und Papptaler (Durchmesser ca. 5 cm), reichlich klein geschnittene Zimtstangen, schmales Schleifenband, kleine Blüten und Beeren, Sternendraht, goldener Bouillondraht, dünne, goldene Perlenschnur, 1 kleine, goldene Quaste, Schere, Klebepistole, Basteldraht.

Anleitung

1. Die Kugeln und Taler mit Klebstoff einstreichen, am besten immer nur ein kleines Stück, und dann in die zerschnittenen Zimtstangen drücken, bis sie mit Zimtstücken bedeckt sind.
2. Den Bouillondraht leicht auseinanderziehen. Großzügig um die Zimttaler und -kugeln spinnen.
3. Den Rand der Taler mit Perlenschnur bekleben. Jede Zimtkugel bekommt eine goldene Quaste.
4. Die übrigen Zutaten in unterschiedliche Längen schneiden und oben festkleben. Aus dem Schleifenband eine mehrschlaufige Schleife legen, mit Draht festbinden und ankleben. Aus dem Sterndraht zwei Schlaufen legen, ebenfalls festkleben.

Schmuck aus Papierkordel

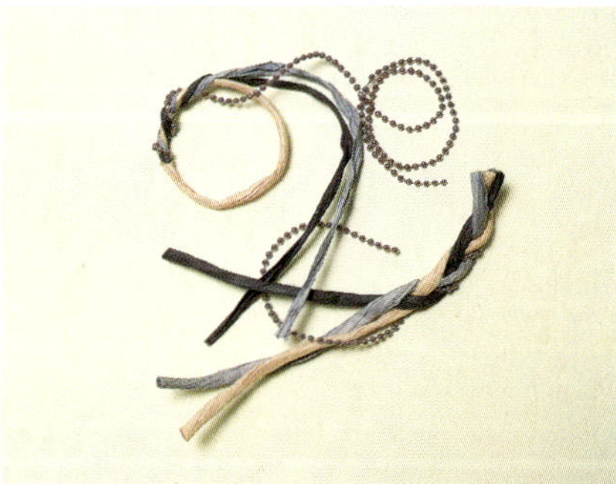

Material und Werkzeug

Papierkordel in drei Farben, dünne Perlenschnur, kleine Goldsternchen, schmales Schleifenband in drei Farben (passend zur Papierkordel), dicke goldene Perlen (für die Glocke), Klebepistole, Schere.

Anleitung

1. Für den Zopf von den drei Papierkordeln drei Stück à 20 cm Länge abschneiden, am oberen Ende mit Draht abbinden und die drei Stränge zum Zopf flechten. Den Zopf zum Ring formen und die Enden zusammenkleben.
2. Die Perlenschnur anschließend in den Zopf fädeln oder gleich mit einflechten, Anfang und Ende festkleben. Ein Stück von der Papierkordel auseinanderziehen und glattstreichen. Die Klebestelle damit kaschieren. *Foto links oben.*
3. Aus dem schmalen Band eine mehrschlaufige Schleife legen (siehe Seite 23), festdrahten. Mit einem Aufhänger aus Perlenschnur oder Schleifenband an der Nahtstelle festkleben.
4. Für den Ring ein 18 cm langes Stück von einer Papierkordel abschneiden (z.B. Rosa). Zum Ring legen und an den Schnittstellen zusammenkleben.
5. Zwei 25 cm lange Stücke von den beiden anderen Papierkordeln abschneiden (z.B. Hell- und Dunkellila). Die Stücke auseinanderziehen und glattstreichen. Der Länge nach einmal durchschneiden.
6. Je zwei der schmalen Streifen von verschiedenen Farben (also Hell- und Dunkellila) oben fassen und wieder zur Kordel drehen. Den Ring damit umwickeln. Von der Perlenschnur ebenfalls ein 25 cm langes Stück abschneiden und den Ring damit umwickeln. Die Enden festkleben. *Foto links oben.*
7. Aus dem Schleifenband eine mehrschlaufige Schleife mit Aufhänger legen (siehe Seite 23), auf der Nahtstelle festkleben oder mit Draht fixieren.
8. Herz und Glocke arbeiten Sie ebenso. Die Glocke erhält unten eine Goldperle als Klöppel. *Foto links unten.*

Blütenengel

Material und Werkzeug

Pro Engel: 1 Seidenblüte in Glokken- oder Kelchform (4-6 cm hoch), es gibt diese Blüten auch als Blütenzweige mit mehreren Blüten, 1 Holzperle mit aufgemaltem Gesicht (mit Loch zum Einkleben der Blüte), grobzackiger, goldener Bouillondraht, 25 cm lange, dünne Goldkordel, 1 Paar Flügel, fertig gekauft oder aus Goldfolie selbst hergestellt (Höhe 5-6 cm), 1 Wachsperle (Durchmesser 0,8-1 cm) mit Loch, 1 weißer Pfeifenputzer, 2 Wachs- oder Goldperlen (Durchmesser 0,5 cm) mit Loch, Glitter-Liner aus der Tube, Seitenschneider, Schere, Klebepistole.

Anleitung

1. Auf den Hinterkopf des Holzperlenkopfes einen dicken Tupfer Klebstoff geben. Den Bouillondraht ein Stück abwickeln und auseinanderziehen. Das Ende des Bouillondrahtes fest auf den Klebstofftupfer drücken. Gut trocknen lassen.
2. Jetzt den gesamten Hinterkopf mit Klebstoff bestreichen, den abgewickelten Bouillondraht um den Kopf wickeln, bis ein dichter „Haarschopf" entstanden ist.
3. Den Blütenstiel von unten in die Perle kleben. Trocknen lassen. Den Pfeifenputzer einmal um den „Hals" des Engels schlingen und fest anziehen. Das gibt die Arme. Die Arme auf die richtige Länge zurückschneiden. Die beiden Perlen an die Enden der Pfeifenputzer kleben – das sind die Hände.
4. Die Goldkordel als Aufhänger durch eine dicke Perle ziehen, auf dem Lockenkopf festkleben. Die Flügel hinten an der Blüte festkleben. Die Blüte mit dem Glimmer aus der Tube verzieren.
Wundern Sie sich nicht: Der Glimmer ist milchig, wenn er aus der Tube kommt, er wird erst später glitzrig.

Die heilige Barbara

Der Tag der heiligen Barbara wird am 4. Dezember begangen. Wie um alle Heiligenfiguren, so ranken sich auch um sie zahlreiche Legenden.
Nach der Legende war die heilige Barbara die Tochter eines reichen Nikomediers namens Dioskuros und lebte zwischen 236 und 305 nach Christi Geburt. Ihr Übertritt zum Christentum versetzte den Vater so in Zorn, daß er nicht allein ihre Verurteilung zum Tode bewirkte, sondern sogar das Scharfrichteramt mit eigener Hand an ihr ausübte. Für solchen Frevel ward der unnatürliche Vater sogleich vom Blitze erschlagen. Von da an wurde die bald heilig gesprochenen Barbara als Schutzheilige gegen Blitz und Donner angerufen. Da die Kirchen mit ihren höher als die meisten Gebäude emporragenden Türmen dem Blitzstrahl sehr ausgesetzt waren, ist es begreiflich, daß man sie häufig der heiligen Barbara weihte, um sie dadurch vor Feuersgefahr zu schützen. Auch die Feuerglocken taufte man vielfach auf ihren Namen und bereits im frühen Mittelalter war es Sitte, solche Barbaraglocken zu läuten, sobald ein Gewitter am Himmel stand. Dieser Sitte verdankt die Artillerie ihre Patronin, denn durch ihre Kanonen ahmte sie gleichsam Donner und Blitz nach.

Viele Bräuche haben sich aus der Heiligenverehrung entwickelt, am bekanntesten und der wohl am meisten gepflegte Brauch ist das Schneiden von Blütenzweigen (Kirsch- oder Forsythienzweige) am 4.12. Sie werden über Nacht in lauwarmes Wasser gelegt, am nächsten Tag in eine Vase gestellt und sollen am 24. Dezember blühen. Dabei haben die blühenden Zweige vielfach die Funktion eines Orakels. Sie sind ein Indiz für Glück und Gesundheit im kommenden Jahr, für eine gute Ernte, für eine sich erfüllende Liebe oder Fruchtbarkeit bei Kinderwunsch.
Die christliche Interpretation ist dagegen weit weniger bekannt: Die Zweige erinnern an das Martyrium der heiligen Barbara, daran, daß sie ihren Glauben an ein Weiterleben nach dem Tod auch unter dem Druck der sie umgebenden Gefängnismauern nicht aufgegeben hat und vor allem auch an die bevorstehende Geburt Jesu:

Es ist ein Ros' entsprungen
aus einer Wurzel zart,
wie uns die Alten sungen
von Jesse kam die Art.
Und hat ein Blümlein bracht
mitten im kalten Winter,
wohl zu der halben Nacht.

Barbarazweig

Dich abgebrochnen Zweig vom Apfelbaum,
Erstarrt und kalt,
Dich hol ich ein zum warmen Winterraum.
Ich weiß, du blühst mir bald.
Ein klares Wasser richt ich dir im Krug,
Der Ruf des Lichts
Ergeht an dich, Ihn hören ist genug.
Aus dir vermagst du nichts.
Laß die erwartungsvollen Wochen still
Vorübergehn,
Der Christnacht, die auch dich erlösen will,
Wird niemand widerstehn.
Erstarrter, abgebrochner Apfelzweig,
Dein Traum war tief.
Nun kam die Segensstunde. Und nun zeig,
Was in dir schwieg und schlief.

Bernt von Heiseler

Fensterbilder

Fenster zu schmücken, macht vor allem Kindern Spaß. Schon mit ganz einfachen Schablonen können Sie mit Ihren Kindern wunderschönen Fensterschmuck basteln.

Engelschar

Material und Werkzeug

Tonpapier oder festes Schreibmaschinenpapier, Schere, Tesafilm, Schemazeichnung (siehe unten), Spezialfarbspray.

Anleitung

1. Das Motiv von der Vorlage abnehmen und auf Tonpapier oder festes Schreibmaschinenpapier übertragen. Ausschneiden. Auf diese Weise Engel in verschiedenen Größen herstellen.
2. Die Engel mit Tesafilm am Fenster befestigen und mit der Spezialfarbe besprühen. Die Schablone wieder entfernen, fertig.

TIP Die Schablone eignet sich auch als Schnittmuster zum Applizieren, für Kartenmotive etc. oder zum Aufsprühen auf Stoff oder Papier.

Sternenhimmel fürs Fenster

Material und Werkzeug

Bastelfolie, Schreibmaschinenpapier oder Buntpapier, Schere, Zirkel oder ein runder Gegenstand (z.B. ein Glas oder eine Tasse), Bleistift, Lineal, Spezialfarbspray.

Anleitung

1. Mit dem Zirkel oder einem umgestülpten Glas einen Kreis auf das Papier Ihrer Wahl zeichnen. Den Kreis 3-4 mal zusammenfalten. Die Sternspitzen zuschneiden und in den Falz kleine Dreiecke in verschiedenen Größen einschneiden, das gibt beim Auffalten hübsche Muster. Den Stern wieder auffalten und glattstreichen.
2. Auf diese Weise Sterne in verschiedenen Größen aus Papier herstellen. Die Sterne mit Tesafilm am Fenster befestigen, mit Spezialspray besprühen und die Schablonen wieder entfernen. Fertig ist der Sternenhimmel.

TIP Die Sterne können auf vielfältige Weise genutzt werden: Als Fensterschmuck, für Karten, Geschenkanhänger oder als Schablonen zum Aufsprühen oder Applizieren (siehe Seite 94 f. und 132).

Fenster-dekoration Mond und Sterne

Material und Werkzeug

Sperrholz (5-7 mm dick), schmales Band, Basteldraht, Schablonen für Mond und Sterne, Goldspray oder Lackfarbe, mittelfeste Pappe, dünne Kordel, schwarze Lackfarbe, Laubsäge, feines Schmirgelpapier, Bleistift, Handbohrer, Pinsel.

Anleitung

1. Nach der Schemazeichnung aus der Pappe Schablonen für Mond und Sterne herstellen. Die Motive mit Bleistift auf die Spanplatte übertragen und aussägen. Mit Schmirgelpapier die Kanten glattschleifen. Die Holzteile von dem Holzstaub befreien, sie müssen ganz sauber sein.
2. Im unteren Bereich des großen Sterns und des Mondes 5 bis 7 kleine Löcher bohren. Goldkordel in unterschiedlicher Länge (ca. 15-30 cm) durchziehen.
3. An den Enden der Goldkordel jeweils einen Stern oder Mond festkleben.
4. Bohr- und Klebestellen mit Schleifen aus Taftband abdecken.
5. An dem großen Stern für die Aufhängung Loch in eine der Zakken bohren, beim Mond vor dem Bohren das Gleichgewicht austarieren.

Weihnachtliche Mobiles

Mobiles sind ein wunderschöner Schmuck, gerade auch für kleine Wohnungen oder Zimmer, wo kein Platz für große Sträuße usw. ist.

Zapfenengel

Material und Werkzeug

Pro Engel: 1 Zapfen von 5 cm Höhe, eine Holzperle (Durchmesser 3 cm) mit Loch, 1 Wachsperle (Durchmesser 1 cm) mit Loch, 20 cm langes und 3 cm breites Schleifenband, weiße Pfeifenputzer ca. 4 cm, grobzackiger, goldener Bouillondraht, etwas Perlenschnur, 10 cm schmales Goldband, 2 goldene Seidenblätter, Goldfarbe, Basteldraht, Nadel und Faden, Schere, Filzstifte, Klebepistole, Pinsel, Schere, Seitenschneider.

Anleitung

1. Die Spitzen der Zapfenschuppen mit Goldfarbe bemalen. Das breite Schleifenband zum Kreis legen, die Enden zusammenkleben. Am Rand knappkantig mit doppeltem Faden einkräuseln, Faden gut vernähen. Dieses Röckchen auf den Zapfenansatz kleben. *Foto links oben.*
2. Den Pfeifenputzer in der Mitte knicken, mit der Knickstelle in das Loch der Holzperle kleben. Etwa 3 cm herausschauen lassen. *Foto links Mitte.*
3. Den Bouillondraht am oberen Loch der Holzkugel befestigen und gut antrocknen lassen. Den Hinterkopf mit Heißkleber bestreichen und den Bouillondraht so um den Hinterkopf legen, daß eine hübsche Frisur entsteht (siehe auch Seite 39).
4. Den Pfeifenputzer auf knapp $^1/_2$ cm abschneiden und den Kopf damit an dem Röckchen festkleben. Eine kleine Schleife legen, festdrahten und unter den Kopf kleben (für den Hals). *Foto links unten.*
5. Einen Nähfaden doppelt legen, dann durch die Wachsperle ziehen und am Kopf festkleben. Die Klebestelle mit einer Perlenschnur abdecken. Hinten am Röckchen zwei goldene Blätter als Flügel ankleben.

Zapfenengel-Mobile

Material und Werkzeug

6 Zapfenengel (Anleitung siehe Seite 44), fester Faden oder Zwirn, Draht oder Holzstäbe (speziell für Mobiles), Seitenschneider, Rundzange, Klebepistole.

Anleitung

1. Aus dem Draht vier verschieden lange Stücke schneiden (etwa 30, 25, 20, 15 cm). Das längste Drahtstück ist oben, nach unten werden die Stücke immer kürzer. Die Enden der Drahtstücke mit der Rundzange zu Ösen biegen. Oder fertige Holzstäbe für Mobiles verwenden.
2. An einem Ende der Draht- oder Holzstäbe mit Zwirn einen Engel, am anderen Ende einen neuen Draht befestigen. Am letzten Draht werden an beiden Enden Engel aufgehängt.
3. Am obersten Draht eine Goldkordel befestigen, aufhängen und die Drähte und Engel ins Gleichgewicht bringen. Wenn das Mobile im Gleichgewicht ist, alle Aufhänger (Engel und Drähte) mit Heißkleber festkleben.

Der heilige Nikolaus

Der heilige Nikolaus dürfte beinahe weltweit der populärste Heilige sein. Die Feste und Gebräuche zu seinen Ehren gehen wohl auf zwei Männer gleichen Namens zurück: Abt Nikolaus von Sion und Nikolaus, Bischof von Myra.
Von den beiden Heiligen, die im Laufe der Zeit zu einer Gestalt verschmolzen, werden zahlreiche Legenden erzählt. Sie kennzeichnen den Heiligen als Ehestifter, Retter aus Sturmes- und Hungersnot, Helfer der Gefangenen, Schutzpatron des Eigentums und der Diebe, aber vor allem als Freund und Beschützer der Kinder. Deshalb ist das Fest seiner Verehrung vor allem auch ihr Fest.

Bereits im 6. Jahrhundert wurde zu Ehren des heiligen Nikolaus eine Kirche in Konstantinopel erbaut, die Kaiser Justinian in Auftrag gegeben hatte. Auch in unseren Breiten wurden seit dem 11. Jahrhundert zahlreiche Kirchen dem heiligen Nikolaus geweiht, vor allem die Kirchen der Hafenstädte trugen seinen Namen.
Sein Namenstag, der 6. Dezember (übrigens auch sein Todestag), fällt in eine Zeit, in der die Bauern ihre Vorräte für den Winter herrichten. Früher wurde zu dieser Zeit auch geschlachtet.
In der Weihnachtszeit war Nikolaus lange Zeit der einzige, der den Kindern Gaben brachte. Erst etwa ab dem 18. Jahrhundert hat das Christkind ihn sozusagen abgelöst.
Im Brauchtum der einzelnen Völker entwickelte sich das Fest des heiligen Nikolaus in zahlreichen Formen. Dazu gehört auch das Auftreten seiner Begleiter: maskierte Gestalten, Engel, Heilige, Bauern, Handwerker und wilde Gesellen.
Ebenso vielschichtig wie die Bräuche sind auch die Bezeichnungen und die Funktionen von Nikolaus und seinen Begleitern: Zinterklos, Sünnerklaas, Samichlaus, Nikolo oder einfach Helje... Dem deutschen Nikolaus entsprechen Santa Claus in England und Sinter Klaas in den Niederlanden.
Sein bekanntester Begleiter dürfte Knecht Ruprecht sein, auch Beelzebub, Pelzprecht oder Pelzmärte, Rasselbock, Klaubauf oder Krampus genannt. Häufig tragen diese Begleiter furchterregende Masken, zottelige Pelze und sind mit Ketten oder Ruten bewaffnet. Immer bilden sie einen krassen Gegenpol zu der eher feinen freundlichen Erscheinung des Nikolaus. Während dieser für die Belohnung der Kinder zuständig ist, sorgt sein finsterer Begleiter für die Bestrafung der Ungezogenen und Ungehorsamen.

Knecht Ruprecht

Von drauß', vom Walde komm ich her.
Ich muß euch sagen, es weihnachtet sehr!
Allüberall auf den Tannenspitzen
Sah ich goldene Lichtlein blitzen.
Und droben aus dem Himmelstor
Sah mit großen Augen das Christkind hervor.
Und wie ich so strolcht durch den finsteren Tann,
Da rief's mich mit heller Stimme an:
Knecht Ruprecht, rief es, alter Gesell,
hebe die Beine und spute dich schnell!

Die Kerzen fangen zu brennen an,
Das Himmelstor ist aufgetan.
Alt und Junge sollen nun
Von der Jagd des Lebens einmal ruhn.
Und morgen flieg ich hinab zur Erden,
Denn es soll wieder Weihnachten werden!

Ich sprach: O lieber Herre Christ,
Meine Reise fast zu Ende ist.
Ich soll nur noch in diese Stadt,
Wo's eitel gute Kinder hat.
Hast denn das Säcklein auch bei dir?
Ich sprach: Das Säcklein, das ist hier,
Denn Äpfel, Nuß und Mandelkern
Essen fromme Kinder gern.
Hast denn die Rute auch bei dir?
Ich sprach: die Rute, die ist hier.
Doch für die Kinder nur, die schlechten,
Die trifft sie auf den Teil, den rechten.

Christkindlein sprach: So ist es recht.
So geh mit Gott, mein treuer Knecht!

Von drauß', vom Walde komm ich her.
Ich muß euch sagen, es weihnachtet sehr!
Nun sprecht, wie ich's herinnen find:
Sind's gute Kind, sind's böse Kind?

Theodor Storm

Aus dem Leben des heiligen Nikolaus

Jacobus de Voragine

Nikolaus war Bürger der Stadt Patara in Kleinasien und entstammte reichen und frommen Eltern. Sein Vater hieß Epiphanes, seine Mutter Johanna. Als seine Eltern ihn in der Blüte ihrer frühen Jugend gezeugt hatten, führten sie darauf ein keusches und jungfräuliches Leben. Der kleine Nikolaus aber stand schon, als er das erste Mal gebadet wurde, aufrecht in der Wanne. Auch sog er am vierten und sechsten Wochentag nur einmal an der Mutterbrust, denn das waren Fastentage. Als er aber ein junger Mann geworden war, da mied er die ausgelassenen Spiele seiner Altersgenossen, er ging lieber in Kirchen, und getreulich hielt er alles in seinem Gedächtnis fest, was er aus der Heiligen Schrift erfahren konnte. Und als seine Eltern gestorben waren, begann er, darüber nachzudenken, wie er eine so große Menge an Reichtum, die sie ihm hinterlassen hatten, verwenden könne, nicht um bei den Menschen, sondern um bei Gott Ruhm und Ehre zu erlangen.

Zur damaligen Zeit sah sich ein adliger Nachbar von ihm gezwungen, aus Geldnot seine drei jungen Töchter Liebesdienste ausführen zu lassen, um sich ernähren zu können. Sobald der Heilige das erfuhr, war er über diesen Frevel empört und warf heimlich des Nachts einen Klumpen Gold, den er in ein Tuch gewickelt hatte, durch ein Fenster ins Haus und verschwand dann ebenso heimlich. Als der Nachbar morgens aufstand, fand er den Klumpen Gold, dankte Gott und richtete seiner erstgeborenen Tochter die Hochzeit. Nicht viel später vollbrachte Nikolaus, der Diener Gottes, eine ähnliche Tat. Der Nachbar fand wieder Gold, brach in überschwengliches Lob aus, doch nahm er sich vor, künftig wach zu bleiben, denn er wollte wissen, welcher Wohltäter seine Not gelindert hatte. Einige Tage später warf Nikolaus einen doppelt so großen Klumpen Goldes ins Haus. Durch dieses Geräusch aber wurde der Nachbar wach, er lief dem fliehenden Nikolaus nach und rief: „Bleibe stehen und zeige dich mir!", und als er näher kam, da erkannte er, daß es Nikolaus war. Er warf sich sogleich vor ihm nieder und wollte die Füße des Heiligen küssen; der aber wehrte ab und verlangte von seinem Nachbarn, er solle niemandem etwas von dieser Wohltat verraten, solange er lebe.

Bald darauf wurde Nikolaus zum Bischof von Myra in Kleinasien gewählt und lebte fromm und in Demut.

Als nun eines Tages Seeleute auf dem Meere in Not waren, da beteten sie unter Tränen: „Nikolaus, Diener Gottes, wenn es wahr ist, was wir über dich hören, so wollen wir es nun in Erfahrung bringen." Und sogleich erschien ihnen jemand, der so wie Nikolaus aussah, und sprach: „Seht, hier bin ich, denn ihr habt mich gerufen." Und er begann, ihnen an den Rahen, Tauen und dem anderen Takelwerk des Schiffes zu helfen, und sogleich ließ der Sturm nach. Als die Seeleute dann zu der Kirche des Heiligen gekommen waren, erkannten sie diesen, ohne ihn je vorher wirklich gesehen zu haben. Da dankten sie Gott und ihm. Der Heilige aber sagte ihnen, sie sollten ihre Rettung dem Erbarmen Gottes und ihrem Glauben zuschreiben, er selbst, Nikolaus, habe daran keinen Anteil.

Einmal auch suchte eine große Hungersnot die Provinz des heiligen Nikolaus heim, so daß es allen an Nahrung mangelte. Als aber der Mann Gottes hörte, daß mit Weizen beladene Schiffe im Hafen angelegt hätten, eilte er flugs dorthin und bat die Seeleute, den hungrigen Menschen zu helfen und ihnen doch wenigstens hundert Scheffel von jedem der Schiffe zu überlassen. Da antworteten jene: „Das wagen wir nicht, Vater, denn in Alexandria wurde alles genau aufgewogen, und wir müssen die ganze Ladung in den Lagerscheunen des Kaisers abliefern." Darauf entgegnete ihnen der Heilige: „Macht, wie ich es euch sage, und ich verspreche euch, bei der Macht Gottes, daß euch bei den kaiserlichen Verwaltern nichts von der Ladung fehlen wird." Das taten denn auch die Seeleute, und als sie den kaiserlichen Verwaltern die Ladung abgeliefert hatten, da war es genau die Menge, die sie in Alexandria geladen hatten. Da erzählten sie von dem Wunder, und in den höchsten Tönen lobten sie Gott in seinem Diener. Der Mann Gottes aber verteilte das Getreide jedem nach seiner Bedürfigkeit, so daß es auf wunderbare Weise für zwei Jahre nicht nur zur Nahrung ausreichte, sondern auch noch reichlich als Saat übrig blieb.

Auch nach seinem Tode noch vollbrachte der heilige Nikolaus viele Wunder. So beging ein Mann aus Liebe zu seinem Sohn, der die Wissenschaften erlernte, jedes Jahr feierlich das Fest des heiligen Nikolaus. Nun hatte der Vater wieder einmal ein Mahl herrichten lassen und viele Geistliche eingeladen. Es kam aber auch der Teufel in Gestalt eines Pilgers an die Tür und erbat sich ein Almosen. Und der Vater hieß sogleich seinen Sohn, dem Pilger ein Almosen zu geben. Der Sohn eilte zur Tür, und da er den Pilger dort nicht mehr vorfand, lief er ihm hinterher. An einer Wegkreuzung aber ergriff der Teufel den Jungen und erwürgte ihn. Als der Vater dies hörte, brach er in lautes Wehklagen aus, holte den Leichnam und legte ihn ins Schlafgemach. Vor Schmerz begann er laut zu klagen: „Geliebter Sohn, wie steht es nun um dich! Ist das der Lohn für die Ehre, heiliger Nikolaus, die ich dir so lange erwiesen habe?" Und als er diese und noch weitere Wehklagen ausstieß, da öffnete der Knabe sogleich die Augen und stand auf, als hätte er nur geschlafen.

Aus dem Lateinischen übertragen von Erich Ackermann

Die Weihnachtgeschenke

Von Bertil Malmberg

„Mama", sagte Åke, „darf ich in die Stadt gehen und Weihnachtsgeschenke für Papa kaufen?"
„Ist das nicht ein wenig zu früh? Wir haben heute erst den zwanzigsten November."
„Es könnte ausverkauft werden", sagte Åke.
„Ja so, darum", antwortete die Mutter. „Aber du hast ja noch kein Geld für Weihnachtsgeschenke bekommen."
„Ich habe fünfundzwanzig Öre", sagte Åke. „Das reicht."
„Dann mußt du wohl gehen", sagte die Mutter. „Das wäre ja schrecklich, wenn die Geschäfte leer wären, ehe du deine fünfundzwanzig Öre losgeworden bist. Aber vergiß nicht, Galoschen anzuziehen."
In fliegender Hast nahm Åke Rock, Wintermütze und Galoschen und eilte hinaus.
Es lag schon Dunkel über der schneeigen Straße, als Åke durch die Gartentür hinauskam, und da und dort blinkte ein Fenster zwischen dem weißen Zweigwerk der Gärten. Er fand es schrecklich, daß es noch so lange bis Weihnachten war. Nun war es, als wollte er springen, es zu fangen. Aber er sprang nicht geradeaus, sondern im Zickzack, und er hüpfte kreuz und quer über die Schneewehen, die am Rande der Straße lagen. Denn er glaubte, daß er auf diese Art schneller vorwärts käme. – So kam es, daß er plötzlich mit einem Fuß in einer Schneewehe festsaß, und als er den Fuß hochzog, war die Galosche in dem Loch geblieben.
Hätte Åke nun so gehandelt, wie es recht gewesen wäre, so hätte er haltmachen und nach der Galosche suchen müssen, hätte sich keine Ruhe gönnen dürfen, bis er sie gefunden hätte. Aber er war viel zu sehr von dem Gedanken an die Weihnachtsgeschenke erfüllt, als daß er sich lange hätte aufhalten können. Er grub ein Weilchen im Schnee, gab aber bald das langweilige Unternehmen auf und lief weiter.
Er wollte für seinen Vater eine Kuckuckspfeife und vier Zinnsoldaten kaufen. Vater hatte ihm nämlich erzählt, wie sehr er sich damals gefreut hatte, als er diese Kostbarkeiten zu Weihnachten bekam. Åke wußte, daß man solche Dinge in Johannssons Buch- und Papierhandlung kaufen konnte. Er beschleunigte sein Tempo. Und als er zu Johannssons Buch- und Papierhandlung kam, hatte er apfelrote Backen.
Er ging die Treppe hinauf, und als er die Tür öffnete, begann es zu klingeln. Es war ein scharfes und gelles Klingeln, und das behagte Åke. Er schloß die Tür sehr, sehr langsam, damit es so lange wie möglich klingelte.
Als er die Kuckuckspfeife und die Zinnsoldaten bekommen hatte, fragte der Verkäufer, ob es für den Herrn Doktor aufgeschrieben werden solle. „Ich habe eigenes Geld", sagte Åke. Es kostete vierundzwanzig Öre. Nun hatte Åke fünf Weihnachtsgeschenke für den Vater, denn jeder einzelne der vier Zinnsoldaten sollte in einem eigenen Paket liegen!
Den Hinweg war er gelaufen, und er lief auch den Heimweg, aber schließlich wurde er müde und mußte langsam gehen. Und gerade da begann es zu schneien. Da fielen ihm die Galoschen ein. – Das war nun so eine Geschichte für sich. Was würde Mama sagen?
Die Mutter nahm es ernster, als Åke gedacht hatte. Er wurde zu einer sehr harten Strafe verurteilt, zu einer erstaunlichen Strafe in seinem kurzen Leben: er sollte kein Geld für Weihnachtsgeschenke bekommen.
An diesem Abend weinte er sich in den Schlaf, und mit Recht meinte er, daß es keinen unglücklicheren Jungen in der ganzen Welt gäbe als ihn, denn es gab wirklich keinen.
Aber am nächsten Morgen war es aus mit seiner Traurigkeit. Da hatte er einen Ausweg gefunden: er wollte seine Weihnachtsgeschenke selber machen.
Sofort begann er damit. Er wollte häkeln! Aber er konnte nur eine einfache Reihe von Maschen häkeln, er konnte die einzelnen Reihen nicht aneinanderfügen. Das macht ja nichts, dachte er, eine Reihe ist immer eine Reihe.
Deswegen lief er zur Mutter und bat um Garn und Häkelhaken. Und er bekam es. Er wollte etwas für die Mutter häkeln, er wollte den Anfang von einer Matte häkeln!
Jeden Tag arbeitete er lange Stunden, aber er hatte auch anderes zu tun. Er mußte Papierschnitzel für Großmutter schneiden, das sollte ihr Weihnachtsgeschenk werden. Und diese Papierschnitzel sollte dann die Stallmagd unter das Hüh-

nerfutter mischen. Auf diese Weise bekam man starke Eierschalen. Das wußte Åke.
Und er häkelte und häkelte und schnitzelte und schnitzelte Tag um Tag. Das Garn wurde immer weniger und weniger, und die lange Reihe von Maschen wuchs und wuchs, wenn auch nicht in die Breite, so doch in die Länge. Und Vaters Papierkorb mußte täglich seinen Tribut an Åke liefern. Er dachte, daß er so nützliche Weihnachtsgeschenke, wie er sie selber machte, nie kaufen könnte.
Aber was sollte er für Aja machen? Aja hatte einen sehr wählerischen Geschmack. Er ahnte, daß sie bedeutend schwerer zufriedenzustellen war als Mama und Großmutter. Denn er kannte seine Schwester. Vorläufig ließ er freilich die Frage ruhen und hoffte, daß irgendeine gute Idee von alleine kommen würde, während er an den anderen Dingen arbeitete. Aber es kam keine. Dagegen flog die Zeit fort, der eine Tag nach dem anderen flog fort, ohne daß Åke merkte, wie schnell es ging. Der große Markt begann sich mit Weihnachtsbäumen zu füllen. Die Schaufenster verwandelten sich in Märchenwelten mit Bilderbüchern und Pfefferkuchenmännern. Es gab Kästen im Haus, an die man nicht rühren, und Zimmer, in die man nicht hinein durfte. Des Jahres geheimnisvolle Zeit war gekommen. Es war die Woche vor dem Heiligen Abend. Und noch immer hatte Åke nichts für Aja. Was sollte er nur für Aja machen?

Wenn sie doch nicht so furchtbar vornehm wäre, dachte Åke.
Da kam die Mutter herein und gab ihm zwei Kronen. „Hier hast du dein Geld für Weihnachtsgeschenke“, sagte sie.
Er machte große Augen. „Ja, aber ich sollte doch keins bekommen!“
„Papa meint, daß du doch dein Geld haben sollst“, sagte die Mutter. „Dafür, daß du deine Prüfung wie ein ganzer Kerl getragen und nicht gemault hast.“
„Was ist eine Prüfung?“ fragte Åke.
„Das ist, zu glauben, daß man kein Geld für Weihnachtsgeschenke bekommt“, antwortete die Mutter. „Und seine Prüfung zu tragen, das ist, lieb zu sein, obwohl man traurig ist.“
„Ich bin nicht traurig gewesen“, sagte Åke. „Ich habe nämlich meine Weihnachtsgeschenke selber gemacht.“
„Jaso“, erwiderte die Mutter. „Dann darfst du mit den zwei Kronen machen, was du willst. Nur keine Dummheiten.“
Und die Woche ging vorbei. Wiklunds mächtiger Familienschlitten fuhr vor der Gartentür vor und darin wurden sie allesamt verpackt: Papa, Mama, Aja und Åke. Und sie fuhren aus der Stadt.
Sie fuhren Meile auf Meile, durch große Wälder. Und es wurde Abend, und es wurde Nacht, und die Schellen läuteten im Dunkeln. Aber für Aja und Åke läuteten sie immer ferner und ferner, da sie unter den Fellen lagen und schliefen.
Dann war man bei der Großmutter. Man saß im Zimmer um den großen Tisch, und der Kronleuchter brannte, und der Weihnachtsbaum brannte, und es war hell in des Herrenhofes langer Flucht von Räumen. Aber im letzten Zimmer war ein kleiner Spiegel, und denkt, darin spiegelte sich der Baum mit allen seinen Lichtern und allen seinen Äpfeln und Sternen!
Aber wie war es nun mit dem Weihnachtsgeschenk für Aja?
Es war wirklich so, daß Åke nichts für seine Schwester hatte finden können. Schließlich hatte er das Zweikronenstück in ein riesenhaftes Paket gelegt, und auf dieses hatte er mit Druckbuchstaben Ajas Namen gesetzt. Denn schreiben konnte er ja noch nicht. Er hatte einen großartigen Erfolg mit seinen Gaben. Großmutter sagte, daß sie sich just solche Papierschnitzel gewünscht hätte, aber natürlich war es nur Åke, der auf so etwas kommen konnte. Es war unglaublich, wie schlecht die Hühner gerade jetzt legten, die Eierschalen gingen kaputt, wenn man sie nur ansah! Was die Mutter betraf, so war diese vollkommen erschüttert. Nie hätte sie geglaubt, daß das, woran Åke gesessen und gehäkelt hatte, für sie sein sollte. Und der Vater? Freilich hatte Åke gedacht, daß der Vater sich freuen würde, wenn er

seine Zinnsoldaten und seine Kuckuckspfeife bekäme, aber daß er sich so freuen würde, das hatte er nicht geahnt. Es war wirklich so, daß Åke sich stolz fühlte. Das einzige, was seinen Stolz dämpfte, war der Gedanke an das Zweikronenstück. Denn was würde Aja sagen, da alle anderen Sachen bekamen und sie nur Geld?
So kam endlich die Reihe an Aja, und sie begann, das gewaltige Paket auszupacken. Sie sah dabei nicht sonderlich hoffnungsvoll aus. „Das ist natürlich Åke, der dieses Paket hier gemacht hat!"
Aber als sie endlich durch alle Papierhüllen gedrungen war und eine kleine Schachtel erwischt hatte, und als sie die Schachtel geöffnet hatte und das Zweikronenstück entdeckte, da veränderte sich ihre Miene. Sie sprang vom Stuhl auf und hin zu Åke und schlang die Arme um seinen Hals. „Åke", rief sie, „was du lieb bist! Ganze zwei Kronen!"
Åke wurde rot, er war keine Zärtlichkeiten von Ajas Seite gewohnt. „Du bist doch nicht traurig, Aja, daß du nichts bekamst, was ich selber gemacht habe?" fragte er kleinlaut.
„Ach, den Plunder, den du selber gemacht hast, möchte ich nie haben", sagte sie verächtlich.
„Plunder?" Das war etwas Neues für Åke. Seine Augen wurden rund wie Untertassen.
„Du glaubst doch wohl nicht, daß diese Papierschnitzel, die du Großmutter gegeben hast, und das Ende Faden, das Mama bekam, daß das etwas ist?" „Ist das nichts, Papa?" fragte Åke.
Vaters Gesicht wurde plötzlich fast streng. „Aja ist zu klein, um den Wert deiner Gaben verstehen zu können", sagte der Vater.
„Da hast du's", sagte Åke. Aber er fühlte, wie seine Augen voll Tränen standen.
„Du bist dumm", sagte Aja, „verstehts du nicht, daß Papa nur so sagt, damit du nicht traurig sein sollst?"
Åke sah sich hilflos um. Plötzlich begannen seine Tränen zu fließen. Er schluchzte nicht, aber die Tränen rannen, groß und klar, über seine Wangen.
Das war nun mehr, als selbst Aja mit ansehen konnte. Sie schlang nochmals die Arme um Åkes Hals und legte ihre Wange an Åkes. „Du bist dumm, Åke", sagte sie, „denn das bist du. Aber du bist jedenfalls schrecklich nett."

Nikolausstiefel

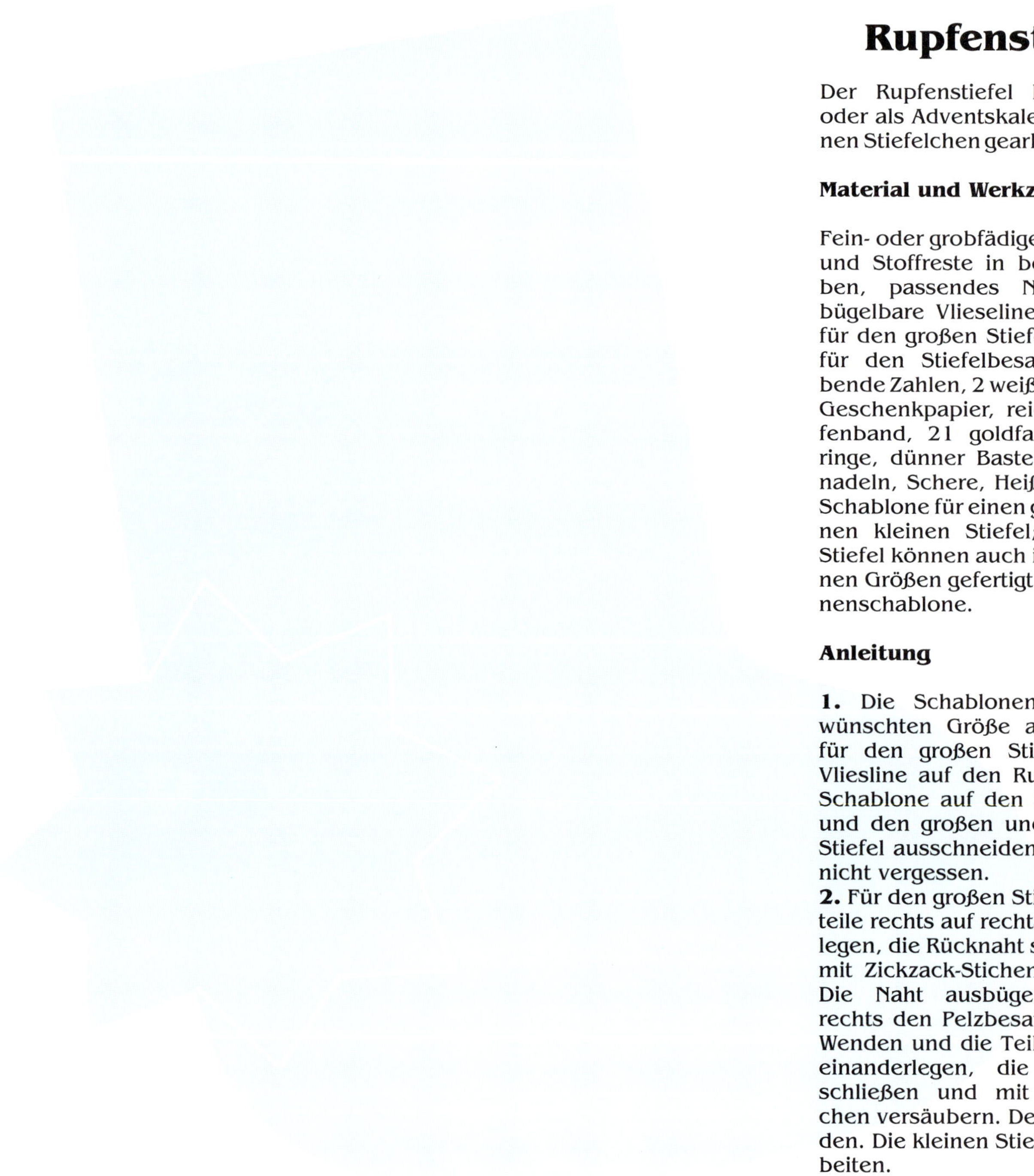

Das Nikolausfest ist besonders für Kinder ein Höhepunkt der Adventszeit. Die Zeit, bis er endlich kommt, läßt sich mit diesen Bastelideen leicht verkürzen.

Rupfenstiefel

Der Rupfenstiefel kann einzeln oder als Adventskalender mit kleinen Stiefelchen gearbeitet werden.

Material und Werkzeug

Fein- oder grobfädiger Rupfen, Filz und Stoffreste in beliebigen Farben, passendes Nähgarn, aufbügelbare Vlieseline, extra stark, für den großen Stiefel, Teddystoff für den Stiefelbesatz, selbstklebende Zahlen, 2 weiße Briefkarten, Geschenkpapier, reichlich Schleifenband, 21 goldfarbene Metallringe, dünner Basteldraht, Stecknadeln, Schere, Heißklebepistole. Schablone für einen großen und einen kleinen Stiefel; die kleinen Stiefel können auch in verschiedenen Größen gefertigt werden. Sternenschablone.

Anleitung

1. Die Schablonen in der gewünschten Größe ausschneiden, für den großen Stiefel erst die Vliesline auf den Rupfen bügeln. Schablone auf den Rupfen legen und den großen und die kleinen Stiefel ausschneiden. Nahtzugabe nicht vergessen.
2. Für den großen Stiefel die Stoffteile rechts auf rechts aufeinander legen, die Rücknaht schließen und mit Zickzack-Stichen versäubern. Die Naht ausbügeln und von rechts den Pelzbesatz aufnähen. Wenden und die Teile wieder aufeinanderlegen, die Seitennähte schließen und mit Zickzack-Stichen versäubern. Den Stiefel wenden. Die kleinen Stiefel ebenso arbeiten.
3. Am oberen Rand des großen Stiefels rechts und links je einen Metallring annähen, an ihnen wird der Stiefel aufgehängt. Auf dem Stiefel verteilt die 19 Metallringe anbringen, an ihnen werden die kleinen Stiefel befestigt.
4. 5 Geschenke (für die 4 Ad-

ventssonntage und für Heiligabend) hübsch verpacken und mit bunten Schleifen verzieren. In den Stiefel stecken. Von jedem Päckchen ein langes Band aus dem Stiefel hängen lassen, unten eine Karte mit der entsprechenden Zahl befestigen, mit einem Stern verzieren.

5. In jedes der 19 Stiefelchen ein kleines Geschenk stecken, die Stiefelchen mit selbstklebenden Zahlen kennzeichnen.

Sterne

Material und Werkzeug

Papier oder Folie, Briefkarten, Schere, Bleistift, Lineal.

Anleitung

1. Kreise in der gewünschten Größe ausschneiden (eventuell ein Glas oder ähnliches als Schablone nehmen), dreimal zusammenfalten. Von der offenen Kante her eine Spitze zuschneiden.

2. Stern auseinanderfalten, glattstreichen und auf eine Briefkarte kleben, Stern nochmals ausschneiden und an einem der fünf Päckchen befestigen.

Kordelnikolaus

Material und Werkzeug

1 Styroporkugel von ca. 6 cm Durchmesser, 2 cm dicke, rote Kordel, roter Duchessestoff, weißer Teddystoff, Filzreste, weiße Pfeifenputzer, 1 Holzkugel zum Bemalen oder 1 fertig bemalter Kopf aus Holz, Filzstifte, Zahnstocher, Klebepistole.

Anleitung

1. Die Kordelenden mit Kleber bestreichen, trocknen lassen. Die Kordel spiralförmig um die Styroporkugel kleben. Auf die Holzkugel mit den Filzstiften ein Gesicht malen.
2. Nach dem Schnittmuster die Kapuze und die Ärmel zuschneiden, die Nähte zusammenkleben.
3. Mit dem Zahnstocher Kopf und Körper verbinden, gut festkleben. Am Kapuzenrand einen Kordelbesatz ankleben, die Kapuze auf dem Kopf befestigen. Die Verbindungsstelle zwischen Kopf und Körper mit einer Kordel abdecken.
4. Für die Arme je einen Pfeifenputzer doppelt legen, verdrehen, an einem Ende einen Fäustling (siehe Schnittmuster) ankleben. Auf die Ärmel einen Kordelbesatz kleben, die Ärmel um die Pfeifenputzer-Arme legen, die Schnittstellen aneinanderkleben und die Arme am Körper befestigen.
5. Stirnhaare und Bart ankleben. Den fertigen Nikolaus auf einen Stab kleben, diesen fest in die Styroporkugel schieben.

Säckchen

Material und Werkzeug

Stoff, weihnachtliche Borte, Kordel, Bänder – die Menge für diese Materialien ergibt sich aus der gewünschten Größe der Säckchen. Nähmaschine und Nähzeug.

Anleitung

1. Für die Säckchen einen länglichen Streifen Stoff zuschneiden, Nahtzugabe nicht vergessen. Eventuell gewünschte Verzierungen auf dem Stoffstreifen befestigen, die Seitennähte schließen.
2. Einen Einschlag für den Kordeldurchzug nähen – mit oder ohne „Köpfchen". Zum Einziehen der Kordel eine Öffnung lassen, die Kordel einziehen.
Die Größe der Säckchen kann nach Bedarf variiert werden – sie hängt davon ab, was in den Säckchen verstaut werden soll.

Winterliches Festmenü

Feldsalat mit Räucherlachs

Für 4 Personen

200 g kleinblättriger Feldsalat
1 kleiner Chicorée
200 g frische Champignons oder Steinpilze
2 Schalotten
200 g geräucherter Lachs
50 g Walnußkerne
Vinaigrette:
2 TL Zitronensaft
Salz
weißer Pfeffer aus der Mühle
1 TL scharfer Senf
6 EL Öl (möglichst 2 EL Walnußöl und 4 EL neutrales Öl)

1. Die sandigen Wurzelenden des Feldsalates so abschneiden, daß die Salatpflanzen noch zusammenhalten und nicht in einzelne Blätter zerfallen. Nur sehr großblättriger Feldsalat wird auseinandergelöst. Den Salat gründlich in leicht lauwarmem Wasser waschen und auf einem Sieb abtropfen lassen oder vorsichtig trockenschleudern. Den Chicorée in einzelne Blätter teilen und in Stücke schneiden.

2. Die geputzten Pilze in Streifen, die geschälten Schalotten in kleine Würfel, die Lachsscheiben in breite Streifen schneiden. Die Nüsse grob hacken.

3. Die Hälfte der Lachsstreifen beiseite stellen. Alle übrigen Salatzutaten in eine Schüssel geben und miteinander vermischen.

4. Für die Vinaigrette den Zitronensaft mit Salz und Pfeffer verrühren, bis das Salz aufgelöst ist. Dann mit einem kleinen Schneebesen zuerst den Senf und dann nach und nach das Öl mit dem Zitronensaft verrühren, so daß eine glatte Sauce entsteht.

5. Die Vinaigrette über die Salatzutaten gießen und gründlich miteinander vermischen. Die restlichen Lachsstreifen über den Salat streuen.

Foto unten.

Hasenrückenfilets in Preiselbeersauce

Für 4 Personen

800 g Hasenrückenfilets
3 EL Butterschmalz
Salz
schwarzer Pfeffer aus der Mühle
4 cl trockener Sherry (Fino)
$^3/_8$ l Wildfond (Fertigprodukt)
1 Schalotte
4 EL Preiselbeeren aus dem Glas
50 g eiskalte Butter
1 Msp. gemahlener Koriander
1 EL geschlagene Sahne

1. Die Hasenrückenfilets sorgfältig von allen Häutchen befreien. Butterschmalz in einer breiten Pfanne mit hohem Rand erhitzen und die

Filets bei starker Hitze rundum kräftig anbraten. Salzen, pfeffern, herausnehmen, in Alufolie wikkeln und warm stellen.
2. Das Bratfett wegschütten. Den Bratensatz mit dem Sherry und dem Wildfond loskochen, die fein gehackte Schalotte dazugeben. Die Flüssigkeit auf zwei Drittel reduzieren. Die Preiselbeeren zufügen und aufkochen. Die Butter in kleinen Stücken mit dem Schneebesen unterschlagen. Mit Salz, Pfeffer und Koriander würzig abschmecken.
3. Die Hasenrückenfilets in der Sauce zugedeckt 7-8 Minuten bei sehr geringer Hitze ziehen lassen.
4. Die Filets herausnehmen, in ca. 1 cm dicke Scheiben schneiden und fächerartig auf Tellern anrichten. Die geschlagene Sahne unter die Sauce heben und über das auf den Tellern angerichtete Fleisch gießen. *Foto oben.*

Fingernudeln (Bubenspitzle)

Für 4 Personen

1 kg mehligkochende Kartoffeln
1/2 TL Salz
2 Eier
100 g Mehl
1 Prise frischgeriebene Muskatnuß
Butterschmalz zum Braten

Die Kartoffeln waschen und in wenig Wasser oder über Dampf gar kochen, abgießen und unter Schütteln des Topfes abdämpfen, bis sie ganz trocken sind. Die Schale abziehen und die Kartoffeln noch heiß durch die Kartoffelpresse in eine Schüssel drücken. Das Salz, die Eier, Mehl und Muskat hinzufügen und schnell zu einem glatten Teig verarbeiten.
2. Mit bemehlten Händen aus der Masse kleine, fingerdicke und fingerlange Nudeln formen, die an beiden Enden spitz zulaufen.
3. In einer Pfanne reichlich Butterschmalz erhitzen und die Fingernudeln portionsweise darin von allen Seiten goldbraun braten. Mit einem Schaumlöffel herausnehmen und auf Küchenpapier abtropfen lassen. Auf eine Platte geben und warm stellen, bis alle Fingernudeln gebraten sind.

TIP Aus dem gleichen Teig können Sie auch zarte Kartoffelplätzchen backen.

Bratäpfel

Für 4 Personen

4 große, aromatische Äpfel
20 g kandierter Ingwer
30 g Orangeat
2 EL geröstete, gehackte Haselnüsse
1 Msp. Zimt
2 EL flüssiger Honig
Butter für die Form und Butterflöckchen

1. Den Backofen auf 200°C vorheizen. Eine feuerfeste Form gut mit Butter einfetten.
2. Die Äpfel waschen, abtrocknen, die Kerngehäuse mit einem Apfelausstecher entfernen, Ingwer und Orangeat in sehr kleine Würfel schneiden und mit den gehackten Nüssen und dem Zimt vermischen. Zum Schluß den leicht flüssigen Honig unter die Trockenfrüchte mischen.
3. Die Äpfel in die Form setzen und die Füllung in die Apfelöffnungen verteilen. Die restliche Füllung um die Äpfel legen. Auf jeden Apfel ein Butterflöckchen setzen.
4. Die Form auf der mittleren Schiene im Backofen etwa 30-40 Minuten braten. Dazu paßt Vanillesauce. *Kleines Foto oben.*

TIP Bratäpfel sind immer so gut wie die verwendete Apfelsorte. Geeignete Sorten sind z.B. Boskop oder Cox Orange.

Die zweite Adventswoche

Ich wünsch mir was

Ich wünsch mir was!
Was ist denn das?
Das ist ein Schloß aus Marzipan
mit Türmen aus Rosinen dran
und Mandeln an den Ecken.
Ganz zuckersüß und braungebrannt
und jede Wand aus Zuckerkand –
da kann man tüchtig schlecken!
Und Diener laufen hin und her
mit Saft und Marmelade
und drinnen, in dem Schlosse drin,
sitzt meine Frau, die Königin –
die ist aus Schokolade!

Unbekannt

22
10
15

Gewürzvergnügen

Gewürze braucht man normalerweise in der Küche. Aber mit Gewürzen kann man auch phantasievollen Schmuck basteln.

Kleiner Tannenkranz mit verschiedenen Gewürzen

Material und Werkzeug

1 kleiner Kranz aus künstlicher Tanne (Durchmesser 20-25 cm), 3 größere Seidenrosen oder mehrere kleine Seidenblüten, 1 kleiner Thujazweig, einige goldene Deko-Steck-Kugeln, 1,5 m schmales Band, einige angedrahtete Gewürze und Zapfen (Anleitung siehe Seite 60 f.), 2-3 goldene, künstliche Zweige, Basteldraht, Klebepistole, Schere, Seitenschneider.

Anleitung

1. Aus dem schmalen Band eine mehrschlaufige, großzügige Schleife legen, mit Draht zusammenbinden. Den Draht auf etwa 3 cm kürzen. Den Thujazweig in 2-3 Stücke schneiden. Die Blütenstiele der Seidenblumen auf unterschiedliche Länge kürzen. Alle Zutaten probeweise zu einem Gebinde legen. Nach und nach auf dem Kranz festkleben oder mit Draht festbinden.
2. Alle übrigen Dekomaterialen nach Belieben auf dem Tannenkranz verteilen und festkleben oder mit Draht festbinden.

Säckchen mit Nelkenbukett

Material und Werkzeug

Ein hübscher Stoffrest (25 x 18 cm), Bastelwatte, 9-11 Nelken, goldener Bouillondraht, goldener Basteldraht, 2-3 goldene, künstliche Blätter, 1-2 goldene, künstliche Blüten, 35 cm langes, schmales Band, 1 Deko-Steck-Kugel, Nähzeug, Nähmaschine, Schere, Klebepistole, Seitenschneider.

Anleitung

1. Aus dem Stoffstreifen ein Säckchen nähen. Mit der Bastelwatte zu knapp drei Vierteln füllen. Zusammenfassen und mit Basteldraht zubinden. Die Drahtenden kurz abschneiden.
2. Die Nelken mit Bouillondraht umwickeln und zu einem Sträußchen zusammenfassen. Aus dem Band eine Schleife legen und mit Draht abbinden. Die Drahtenden abschneiden.
3. Aus den Blättern, den Nelken, den Blüten und den Deko-Kugeln einen flachen Strauß legen und mit Draht fest abbinden. Die Drahtenden auf ca. 3 cm abschneiden. Das Sträußchen auf die Abbindestelle des Säckchens kleben oder mit Draht festbinden. Die vorbereitete Schleife dazukleben.

TIP Wenn Sie das Säckchen mit Nelken oder Lavendel füllen, wird daraus ein Duftsäckchen.

Nelken andrahten

Material und Werkzeug

Bastelnelken (sie haben etwas größere Blüten), Bouillondraht, Basteldraht in einer passenden Farbe, Schere.

Anleitung

1. Etwa 2-3 cm Bouillondraht abschneiden und auf den Basteldraht auffädeln. Den Basteldraht an den Nelkenstiel legen und den Stiel 2-3mal fest umwickeln.

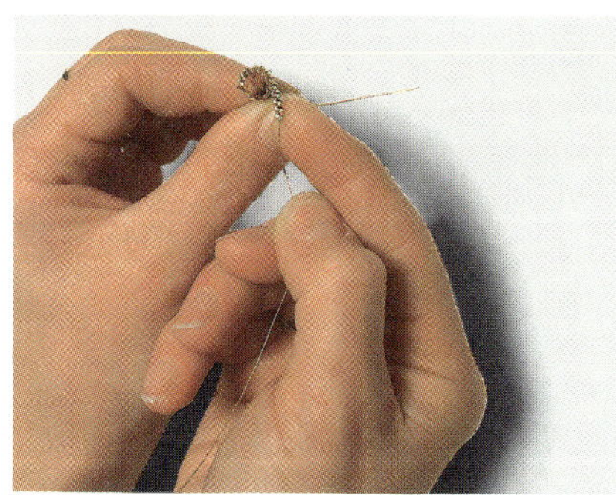

2. Bouillondraht nachschieben und wie ein Krönchen um die Nelkenblüte legen. *Foto oben.*
3. Den Basteldraht nun 2-3mal um den Nelkenstiel wickeln und damit das Krönchen fixieren. Draht etwa 8 cm lang stehen lassen.

TIP Es arbeitet sich leichter, wenn der Draht direkt von der Spule kommt.

Sternanis

Material und Werkzeug

Anisstern, Bouillondraht, Basteldraht, Schere.

Anleitung

1. Ein etwa 4-5 cm großes Stück Bouillondraht abschneiden und auf den Basteldraht fädeln. Ein etwa 10 cm langes Stück Draht unten stehen lassen, dann den Basteldraht 2-3mal um den Anisstern legen, leicht anziehen. *Foto unten.*

2. Den Bouillondraht nachschieben und wechselweise durch die Zacken führen, bis jeder Zwischenraum ausgefüllt ist.
3. Den Basteldraht unter den Anisstern führen, ein etwa 10 cm langes Stück Draht stehen lassen. Anfang und Ende des Basteldrahtes mehrmals gegeneinander verdrehen. Auf 8 cm Länge abschneiden.

Zimt und Ingwer

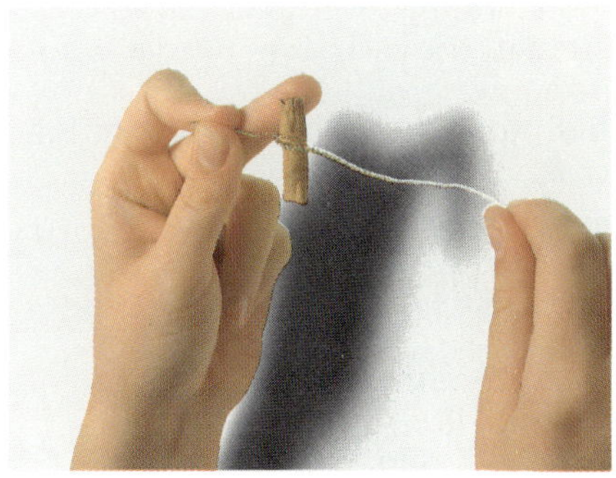

Material und Werkzeug

Zimtstangen oder Ingwerstücke, Bouillondraht, Basteldraht, Schere.

Anleitung

1. Die Zimtstangen in ca. 3 cm lange Stücke schneiden. Von dem Bouillondraht ein 2-4 cm langes Stück abschneiden, auf den Basteldraht fädeln.
2. Den Basteldraht 2-3mal um die Zimtstange wickeln, unten ein etwa 10 cm langes Stück stehen lassen, den Draht fest anziehen. Den Bouillondraht nachschieben, um das Zimtstück wickeln. Drahtanfang und Ende gut gegeneinander verdrehen und auf etwa 8 cm Länge abschneiden. *Foto oben.*
Mit den Ingwerstücken ebenso verfahren.

Goldzapfen

Material und Werkzeug

Kleine Erlenzapfen, Goldspray, brauner Basteldraht, Schere.

Anleitung

1. Von dem Basteldraht ein Stück abwickeln, etwa 10 cm stehen lassen. Den Draht einige Male fest um das untere Ende des Zapfens wickeln.
2. Die beiden Drahtenden mehrmals gegeneinander verdrehen und auf ca. 8 cm Länge abschneiden.

Zimtaufleger

Diese Zimtaufleger sind ein besonders schöner und stimmungsvoller Tischschmuck.

Material und Werkzeug

Extra lange Zimtstangen, 1 m langes und 3 cm breites weinrotes Samtband, 30 cm langes und 2 cm breites Taftband in Weinrot/Gold, 1 goldene Traube, 2-3 Stückchen angedrahteter Zimt, Basteldraht, Klebepistole.

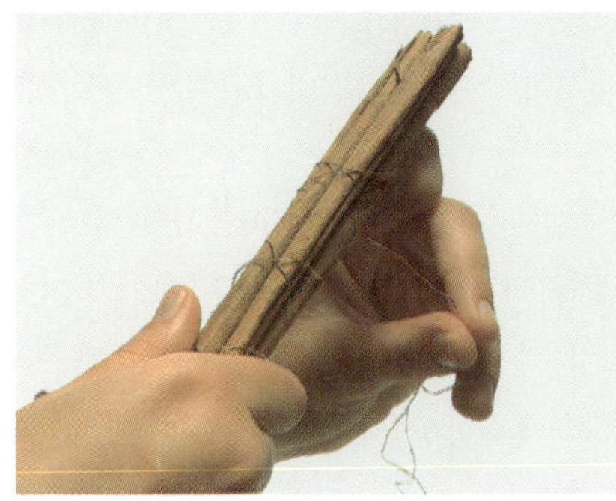

Anleitung

1. Drei Zimtstangen zusammenlegen und mit Basteldraht kreuzweise umwickeln. Vom Samtband 30 cm abschneiden, den Rest zu einer großzügigen Schleife legen und mit Draht abbinden. Das schmalere Band zu einer einfachen Schleife legen, mit Draht abbinden. Samtband auf die Hälfte legen, andrahten. *Foto oben.*

2. Die Samtschleifen und das Samtbandstück sowie die Taftschleife, die Traube und die Zimtstücke auf die gebündelten Zimtstangen kleben. *Foto oben.*

Weihnachtliche Gestecke

Was wäre eine Wohnung im Advent ohne weihnachtliche Gestecke? Hier finden Sie verschiedene Vorschläge, von traditionell bis modern mit vielen Variationsvorschlägen.

Holzstern mit Wichteln

Material und Werkzeug

Roter Filz, weiße Pfeifenputzer, goldene Schlingenborte, goldene Kordel, 1 Holzperle (Durchmesser 1,5 cm, Kopf) mit Loch, 2 Holzperlen (Durchmesser 0,5 cm, Hände) mit Loch, 2 Holzperlen (Durchmesser 0,8 cm, Füße) mit Loch, weißer, flauschiger Stoff, Schnitteile, spitze Nadel mit großem Öhr, Filzstifte, Klebepistole.

Anleitung

1. Nach dem Schnittmuster aus dem Filz Cape und Kapuze zuschneiden. Die goldene Schlingenborte halbieren und auf den Rand des Capes kleben. Die Kapuze zusammenkleben und die Naht sichtbar mit Goldfaden heften. Den Goldfaden oben als Aufhänger stehen lassen und die beiden Enden verknüpfen.
2. Das Cape sollte hinten etwas länger sein. Die Öffnung für den Körper deshalb nicht genau in der Mitte anbringen.
3. Ein 12 cm langes Stück Pfeifenputzer auf die Hälfte biegen (Körper und Beine). Ein 8 cm langes Stück Pfeifenputzer etwa 1 cm unterhalb des Knicks durchschieben und einmal verdrehen (Arme). Die Holzperlen an den Enden der Pfeifenputzer ankleben. Das Cape überstülpen und an den Beinen etwas festkleben.
4. Den Kopf auf den Körper kleben. Die Kapuze ankleben. Am Kapuzenrand einen Pfeifenputzer-Besatz anbringen. Aus dem flauschigen Stoff einen Bart schneiden und ankleben. Jetzt erst das Gesicht malen, damit der Mund über dem Bart noch sichtbar ist.

Wurzelgesteck

Material und Werkzeug

1 ca. 25 cm langes Stück Wurzel oder Baumstamm (Durchmesser ca. 10 cm), 2 Engel (Anleitung siehe Seite 70), etwas Tannengrün, einige goldene Blüten und Blätter, kräftiger, goldener Basteldraht, 50 cm breites Netz- oder Tüllband, 60 cm langes und 1 cm schmales, rotes Band, einige kleine, rote Beeren, 1 Kerzenhalter aus Holz, 1 Kerze, Goldspray, Basteldraht, Klebepistole, Seitenschneider.

Adventsgesteck auf lila Holzteller

Material und Werkzeug

4 lila Kerzen, 1 Holzteller (Durchmesser ca. 25-30 cm), 4 kleine Holzteller als Kerzenhalter, lila Bauernmalfarbe, Pinsel, 1 Block Moosy-Steckmasse trocken (ca. 10 x 5 x 5 cm), graues Islandmoos, U-Haken, künstliches Tannengrün, goldene Zweige, goldene Blätter (z. B. Farn), goldener Sternendraht, 8-12 verschieden große Deko-Kugeln in Gold und Lila, einige goldene Weihnachtsterne und lila Blüten, 3 x 2 m gold- und lilafarbenes Band in zwei Breiten, 1,5 m feine, lila Perlenschnur, kräftiger, goldener Basteldraht, dünner Basteldraht, Bleistift, Klebepistole, Schere, Seitenschneider.

Anleitung

1. Den großen und die vier kleinen Holzteller lila anmalen, über Nacht gut trocknen lassen. Aus den Bändern und der Perlenschnur großzügige Schleifen legen, mit Draht abbinden. Die Drahtenden stehen lassen.
2. Den kräftigen Basteldraht einige Male um den Bleistift wickeln, den Bleistift herausziehen – so erhalten Sie eine Spirale. Von dem Sterndraht 3-4 Stück à 25-30 cm abschneiden.
3. Den Moosyblock auf eine Tellerseite kleben. Etwas Klebstoff auf das Moosy geben und das Islandmoos ankleben, so daß man das Moosy nicht mehr sieht. Das Islandmoos zusätzlich mit U-Haken fixieren.
4. Nun die Zutaten nach und nach in den Moosyblock stecken. Darauf achten, daß auch die Rückseite schön wird. Die Schleifen zuletzt seitlich ankleben oder feststecken. Die kleinen Holzteller hübsch verteilen und ankleben.

Anleitung

1. Den Kerzenleuchter mit Goldspray ansprühen, gut trocknen lassen. Die beiden kleinen Engel nach der Anleitung auf Seite 70 herstellen. Aus den Bändern großzügige Schleifen legen, mit Draht abbinden. Das Tannengrün passend zuschneiden. Die Stiele von Goldblättern, -blüten und Beeren auf unterschiedliche Länge kürzen.
2. Auf eine geeignete Stelle der Wurzel einen dicken Tropfen Klebstoff geben. Blätter, Blüten, Beeren und Schleifen zu einem Arrangement ordnen und nach und nach festkleben.
3. Den Kerzenhalter seitlich davor plazieren und festkleben. Für die Engel eine geeignete Stelle wählen, ebenfalls festkleben.

Zieht ein süßer Duft durchs Haus

Elisenlebkuchen

Für ca. 15 Stück

2 Eier
1 Eiweiß
250 g brauner Farinzucker
1 gestrichener EL Zimt
1/4 TL Kardamom, gemahlen
1/4 TL Muskatblüte, gemahlen
1/4 TL Nelken, gemahlen
1/4 TL Ingwer, gemahlen
abgeriebene Schale von
1 unbehandelten Zitrone
je 35 g Zitronat und Orangeat, fein gehackt
300-400 g fein gemahlene Mandeln
Oblaten, Ø 8 cm
50 g ganze, abgezogene Mandeln zum Verzieren
100 g Puderzucker
1 EL heißes Wasser
1 EL Rum oder etwas Zitronensaft

1. Die Eier, das Eiweiß und den Farinzucker möglichst lange miteinander verrühren (mindestens 15 Minuten), bis sich der Zucker aufgelöst hat und eine gute Bindung entstanden ist. In diese Mischung die Gewürze geben und alles gründlich verrühren. Zuletzt die Mandeln zufügen. Die Masse muß so fest sein, daß ein Löffel aufrecht darin stecken bleibt. Ist dies nicht der Fall, noch geriebene Mandeln zufügen. Die Masse darf nicht mehr fließen.
2. Den Lebkuchenteig auf die Oblaten streichen. Pro Oblate einen gehäuften Eßlöffel von der Masse auf die Mitte der Oblate setzen. Dann die Masse mit einem breiten Messer in Form streichen. Anschließend den Lebkuchen vom Rand her glätten. Das Messer dabei immer wieder in kaltes Wasser tauchen, sonst bleibt die Masse daran kleben. Die Lebkuchen auf das ungefettete Blech setzen, etwa 2 cm Zwischenraum lassen.
3. Die Lebkuchen mit Mandeln, nach Belieben auch mit Zitronat dekorieren. In einem kühlen, nicht zu trockenen Raum über Nacht (mindestens 12-15 Stunden) trocknen lassen.
4. Den Backofen auf 175°C vorheizen. Die Lebkuchen darin auf der zweiten Schiene von oben 25-30 Minuten backen. Nach dem Abkühlen mit Puderzuckerglasur oder mit Kuvertüre bestreichen.

Printen

Für ca. 70 Stück

300 g Sirup
200 g Honig
100 g Zucker
600 g Mehl
1 Päckchen Backpulver
1 Prise Salz
abgeriebene Schale von
1 unbehandelten Orange
2 TL Anis, gemahlen
1 TL Kardamom, gemahlen
1 TL Nelken, gemahlen
1 TL Zimt, gemahlen
nach Belieben etwas fein zerstoßener Kandiszucker
1 Becher Kuvertüre

1. Den Sirup und den Honig in einem Topf erhitzen. Den Zucker und die Gewürze zugeben, vom Herd nehmen und abkühlen lassen.
2. Das Mehl mit dem Backpulver mischen, die Sirup-Honig-Masse zugeben und alles zu einem festen Teig verkneten. Nach Belieben fein gestoßenen Kandis unterkneten. Den Teig über Nacht an einem kühlen Ort ruhen lassen.
3. Den Backofen auf 220°C vorheizen. Den Teig auf bemehlter Arbeitsfläche 1/2 cm dick ausrollen und in gleichmäßige Rechtecke schneiden. Ein Backblech mit Backpapier auslegen, die Printen darauf legen. In den Backofen schieben (Mitte) und ca. 15 Minuten backen. Die abgekühlten Printen nach Belieben mit der flüssigen Kuvertüre bestreichen. *Foto links Mitte.*

Honigkuchen vom Blech

Für ca. 35 Stück

250 g Honig
65 ml Öl
300 g brauner Farinzucker
450 g Mehl
1/2 Päckchen Backpulver
1 TL Zimt, gemahlen
1/4 TL Nelken, gemahlen
etwas Piment, gemahlen
1 Msp. Muskatblüte, gemahlen
1 Msp. Salz
abgeriebene Schale von
1 unbehandelten Zitrone
125 g gemahlene Haselnüsse oder Mandeln
1 Ei
je 50 g Zitronat und Orangeat, fein gehackt
Butter für das Blech
etwas Kondensmilch zum Bestreichen
100 g geschälte ganze Mandeln
100 g Belegkirschen
100 g Zitronat in größeren Stücken

1. Den Honig, das Öl und den Zucker in einem Topf verrühren, aufkochen und langsam abkühlen lassen.
2. Das Mehl mit dem Backpulver, den Gewürzen und den Nüssen

Spekulatius

Für ca. 50 Stück

300 g Mehl
100 g geschälte, feingemahlene Mandeln
150-175 g feiner Zucker
abgeriebene Schale von 1 unbehandelten Zitrone
1/2 TL gemahlener Zimt
1 gute Msp. Nelke, gemahlen
1 Msp. Kardamom, gemahlen
1 Msp. Muskatblüte, gemahlen
175-200 g kalte Butter
1 Ei
100 g Mandelblättchen
Butter zum Einfetten
Mehl zum Ausrollen

1. Das Mehl, die gemahlenen Mandeln, den Zucker, die Zitronenschale und die Gewürze auf der Arbeitsfläche anhäufen, die klein gewürfelte Butter darauf verteilen. Die Zutaten mit einem großen Messer durchhacken, bis sie fein vermischt sind. Das verquirlte Ei in die Mitte geben. Dann mit den Händen alles rasch zu einem weichen Teig verkneten. In Folie wikkeln und im Kühlschrank etwa 2 Stunden ruhen lassen.
2. Ein Blech mit Backpapier belegen, leicht einfetten und mit Mandelblättchen gleichmäßig bestreuen. Den Backofen auf 180°C vorheizen.
3. Den Teig portionsweise auf der leicht bemehlten Arbeitsfläche etwa 4 mm dick ausrollen, verschiedene Formen ausstechen und auf das Blech setzen.
4. Die Spekulatius vor dem Bakken etwa 1 Stunde kalt stellen, dann auf der Mittelschiene im Backofen 10-12 Minuten goldgelb backen. *Foto links.*

mischen. Das Ei dazugeben und die Honig-Zucker-Öl-Mischung nach und nach unterrühren. Das Ganze zu einem glatten Teig verkneten. Wenn der Teig zu sehr klebt, noch etwas Mehl dazugeben. Den Teig in Folie wickeln und 1-2 Stunden im Kühlschrank ruhen lassen.
3. Den Backofen auf 190°C vorheizen. Das Blech gut mit Butter bestreichen und den Teig mit bemehlten Händen auf das Blech drücken, glätten und mit Milch bepinseln. Mit dem Messerrücken auf dem Teig Quadrate von etwa 6x6 cm andeuten. Diese Quadrate mit Mandeln, Belegkirschen und Zitronat verzieren.
4. Den Honigkuchen auf der mittleren Schiene des Backofens 20-25 Minuten backen. Er darf nicht zu dunkel und zu fest werden! Den fertigen Honigkuchen einige Minuten abkühlen lassen. Noch warm in Quadrate schneiden, auf einem Kuchengitter auskühlen lassen.

TIP Den Teig wie beschrieben portionsweise ausrollen. Spekulatius-Holzmodel mit Mehl bestäuben, ausklopfen und dann auf den Teig drücken. Die Plätzchen am Modelrand entlang mit einem scharfen Messer ausschneiden. Ein Backblech mit Backpapier auslegen, die Spekulatius auf das Backpapier legen (ohne Mandeln) und 15-20 Minuten backen.

Macht hoch die Tür

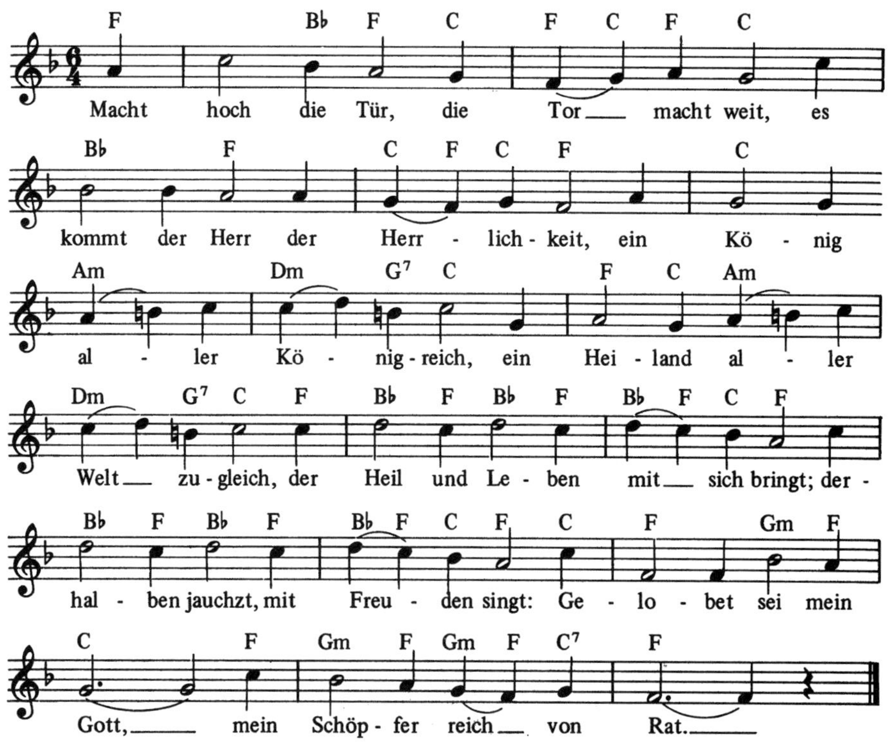

Er ist gerecht, ein Helfer wert,
Sanftmütigkeit ist sein Gefährt,
Sein' Königskron' ist Heiligkeit,
Sein Zepter ist Barmherzigkeit;
All unser Not zum End' er bringt,
Derhalben jauchzt, mit Freuden singt:
Gelobet sei mein Gott, mein Heiland groß von Tat!

O wohl dem Land, o wohl der Stadt,
So diesen König bei sich hat!
Wohl allen Herzen insgemein,
Da dieser König ziehet ein!
Er ist die rechte Freudensonn',
Bringt mit sich lauter Freud und Wonn'.
Gelobet sei mein Gott, mein Tröster früh und spat!

Macht hoch die Tür, die Tor' macht weit,
Euer Herz zum Tempel zubereit'.
Die Zweiglein der Gottseligkeit
Steckt auf mit Andacht, Lust und Freud;
So kommt der König auch zu euch,
Ja Heil und Leben mit zugleich.
Gelobet sei mein Gott, voll Rat, voll Tat, voll Gnad!

Komm, o mein Heiland, Jesu Christ,
Mein's Herzens Tür dir offen ist;
Ach zieh mit deiner Gnaden ein,
Dein' Freundlichkeit auch uns erschein'.
Dein heil'ger Geist uns führ' und leit'
Den Weg zur ew'gen Seligkeit.
Dem Namen dein, o Herr, sei ewig Preis und Ehr!

Text: Georg Weissel
Melodie: J. A. Freylinghausen
„Geistliches Gesangbuch", 1704

Leise rieselt der Schnee

In den Herzen wird's warm,
Still schweigt Kummer und Harm,
Sorge des Lebens verhallt:
Freue dich, Christkind kommt
bald!

Bald ist Heilige Nacht,
Chor der Engel erwacht,
Hört nur wie lieblich es schallt:
Freue dich, Christkind kommt
bald!

Text: Eduard Ebel, Melodie: Volksweise.

Tannengeflüster

Wenn die ersten Fröste knistern
in dem Wald bei Bayrisch-Moos,
geht ein Wispern und ein Flüstern
in den Tannenbäumen los,
ein Gekicher und Gesumm
ringsherum.

Eine Tanne lernt Gedichte,
eine Lärche hört ihr zu.
Eine dicke, alte Fichte
sagt verdrießlich: Gebt doch Ruh!
Kerzenlicht und Weihnachtszeit
sind noch weit!

Vierundzwanzig lange Tage
wird gekräuselt und gestutzt
und das Wäldchen ohne Frage
wunderhübsch herausgeputzt.
Wer noch fragt: Wieso? Warum? –
der ist dumm.

Was das Flüstern hier bedeutet
weiß man selbst im Spatzennest:
Jeder Tannenbaum bereitet
sich nun vor aufs Weihnachtsfest.
Denn ein Weihnachtsbaum zu sein:
Das ist fein!

James Krüss

Bunte Engelparade

Advent und Weihnachten sind ohne Engel gar nicht vorstellbar. Und daß es nich schwer sein muß, schöne Engel zu basteln, sehen Sie auf der folgenden Seite.

Spitzenengel

Material und Werkzeug

Weißer Stickereistoff 20 x 20 cm, 50-60 cm dünne, weiße Spitze, 1 Holzperle (Durchmesser 2 cm), 1 etwas kleinere Holzperle, goldener, silbener oder kupferfarbener Bouillondraht, kleine, dazu passende Sternchen, 25 cm feine Kordel als Aufhänger, Bastelfolie, goldene oder silberne Blätter, dünne Pappe, Filzstifte, Nähmaschine, Nähzeug, Schere, Zirkel, Klebepistole.

Anleitung

1. Aus dünner Pappe einen Kreis von 20 cm Durchmesser ausschneiden. Schnittmuster auf den Stickereistoff legen und zuschneiden. Am Rand mit Zick-Zack-Stichen die Spitze befestigen. Unterhalb der Naht mit doppeltem Faden durchheften.

2. An die Holzperle eine kleinere Perle ankleben. Von dem Bouillondraht ein Stück abwickeln und die größere Perle damit bekleben, bis eine schöne Lockenfrisur entstanden ist. *Foto links Mitte.*

3. Den Stoff mit dem Heftfaden kräuseln. Die kleine Perle in die Öffnung stecken und fest anziehen. Faden vernähen. Den Aufhänger auf die Frisur kleben. Mit den Filzstiften ein Gesicht malen. *Foto links unten.*

4. Aus der Folie Flügel schneiden oder goldene oder silberne Blätter als Flügel ankleben.

Engel aus Papierkordel

Material und Werkzeug

Papierkordel, 1 Holzkugel (Durchmesser 1,5 cm), goldener Bouillondraht, Basteldraht, Goldfarbe, Filzstifte, Zick-Zack-Schere, Maßband, Klebepistole, Pinsel.

Anleitung

1. Für das Kleid von der Papierkordel ein 16 cm langes Stück abschneiden. Dieses Stück aufdrehen und glattstreichen. Mit einer Zick-Zack-Schere oben und unten einen Zentimeter wegschneiden. Das Stück soll die Maße 14 x 9 cm haben. Dieses Stück in der Mitte mit Draht abbinden. Die Seitennähte zukleben.
2. Für die Arme ein Stück von 10 cm Länge abschneiden. Auseinanderziehen, glattstreichen und oben und unten mit der Zick-Zack-Schere je einen Zentimeter abschneiden. Das Stück soll die Maße 8 x 9 cm haben. Der Länge nach auf die Hälfte zusammen legen, die Längsnaht zusammenkleben, so daß ein Schlauch entsteht. Diesen Schlauch in der Mitte mit Draht abbinden.
3. Für die Flügel von der beiliegenden Schemazeichnung den Schnitt abnehmen, auf ein Stück auseinandergezogene Papierkordel übertragen und mit der Zick-Zack-Schere zuschneiden. In der Mitte mit einem Draht abbinden.
4. Auf die Holzperle mit den Filzstiften ein Gesicht malen. Bouillondraht von der Spule wickeln, auseinanderziehen und als Haare auf den Kopf kleben (Siehe auch Seite 39). Den Kopf auf die Abbindestelle des Kleides kleben.
5. Die Arme an der Rückseite des Kleides festkleben und etwas nach vorn ziehen. Die Flügel ebenfalls an der Rückseite des Kleides befestigen. Mit einem Pinsel nach Belieben Goldfarbe auf Kleid und Ärmel auftragen. *Kleines Foto.*

BRUCH

Engel aus Moirèband

Material und Werkzeug

1 Styroporkegel (Höhe 7 cm), weißer Pfeifenputzer, 10 cm breites, festes Band, 20 cm langes und 4 cm breites Band für die Schärpe, 1 Holzkugel (Durchmesser 1,5 cm), 2 Holzperlen (Durchmesser 0,5 cm) mit Loch, etwas weiße Futterwatte, Goldfolie oder kleine gekaufte Flügel, Schlingenborte, dünne Pappe, Schere, Zick-Zack-Schere, Klebepistole, Bleistift, Lineal.

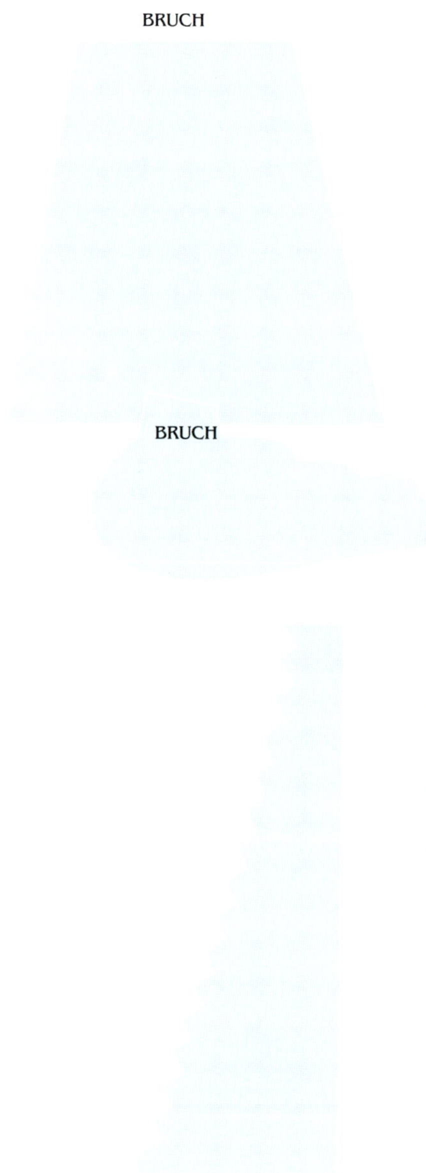

Anleitung

1. Nach den Schemazeichnungen Schnittvorlagen herstellen. Das Rockteil aud dem Band 7x zuschneiden. Die schrägen Kanten mit der Zick-Zack-Schere schneiden, die beiden anderen Kanten mit der normalen Schere.
2. Die Schlingenborte teilen, jeweils am unteren Saum der sieben Schnitteile festkleben. Die sieben Schnitteile fächerförmig auf den Kegel kleben, immer nur an der geraden Schnittkante festkleben. Der Kegel muß rundum mit Stoff bedeckt sein. Das letzte Rockteil wir unter das erste geschoben.
3. Die Ärmel in einem Stück zuschneiden. Den Pfeifenputzer auf 11 cm Länge abschneiden. Den Ärmel glatt hinlegen, den Pfeifenputzer längs in der Mitte festkleben. Den Ärmel wenden und von außen an die Ärmelkanten Schlingenborte kleben. Wieder wenden. An die Pfeifenputzer-Enden die kleinen Holzperlen kleben. Die Ärmel längs auf die Hälfte falten und unten zusammenkleben. Die Arme auf der Rückseite des Kegels festkleben und etwas nach vorne biegen.
4. Die große Holzperle auf den Styroporkegel kleben. Aus der weißen Futterwatte Haare schneiden und auf dem Kopf festkleben. Mit den Filzstiften ein Gesicht malen. Als Kopfschmuck erhält der Engel ein Krönchen aus Schlingenborte, an dem vorn ein Stern festgeklebt wird.
5. Aus der Goldfolie Flügel schneiden oder gekaufte Flügel verwenden. Am Rücken des Engels festkleben. Den Hals mit einem Stück Schlingenborte abdecken.
6. Das breite Band in der Mitte einmal verdrehen und auf die Brust des Engels kleben, über die Arme führen und seitlich am unteren Rand des Rocks festkleben.

Bänderkugel

Material und Werkzeug

1 Styroporkugel (Durchmesser 4 cm), 30 cm Band, 60 cm schmales Goldband als Aufhänger, goldene Zweige, Basteldraht, Klebepistole, Maßband.

Anleitung

1. Den Umfang der Kugel messen. Das Band in 3 gleichlange Stücke schneiden, um die Kugel führen und oben zusammenfassen. Die Bandteile überlappend ankleben.
2. Aufhänger und Dekomaterial festkleben. Mit dem restlichen Band eine Schleife legen und mit Draht fixieren, festkleben.

Bänderstern

Material und Werkzeug

35 cm langes und 4 cm breites Band, 2 goldene Sternchen (Durchmesser 1,2 cm), schmales Goldband, dünne Pappe, Maßband, Schere, Klebepistole.

Anleitung

1. Nach der Schemazeichnung eine Schnittvorlage herstellen. Sieben Teile zuschneiden und zu „Tüten" kleben. Auf die gekennzeichnete Klebestelle achten.

2. Die Tüten mit den Spitzen auf eines der Goldsternchen kleben. Den Aufhänger einkleben, die Klebestelle mit dem zweiten Goldsternchen abdecken. *Foto rechts.*

Bänderengel

Material und Werkzeug

25 cm langes und 4 cm breites Goldband, weißer Pfeifenputzer, 1 Zahnstocher, 2 Wachsperlen (Durchmesser 0,5 cm) mit Loch, 1 Holzperle (Durchmesser 0,6 cm) mit Loch, goldener Bouillondraht, 2 kleine Goldblätter (Flügel), 1 Goldstern, 15 cm Goldschnur als Aufhänger, 1 Wattekugel (Durchmesser 0,8-1,0 cm), Schere, Klebepistole, Nähzeug.

Anleitung

1. Das Band an den Schnittkanten zusammenkleben, so daß ein Ring entsteht. Mit doppeltem Faden auf einer Seite Heftstiche anbringen, das Band kräuseln, Nadel und Faden hängen lassen.

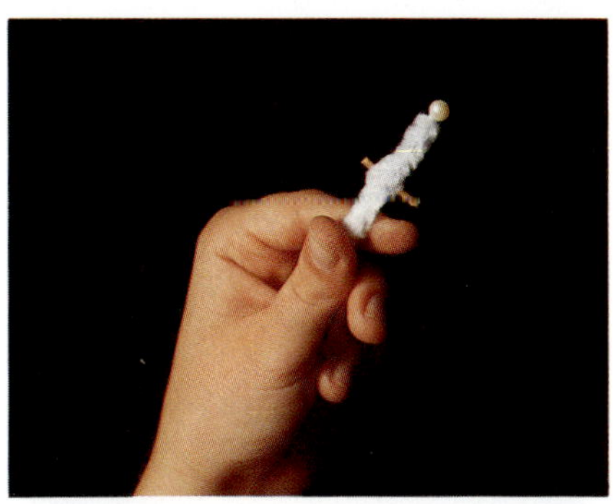

2. Einen Pfeifenputzer auf 7 cm Länge abschneiden, einmal etwas unterhalb der Spitze um den Zahnstocher wickeln. Die Wachsperlen an die Pfeifenputzer-Enden kleben. Foto links oben.
3. Auf die Holzperle einen Tropfen Klebstoff geben. Mit dem Bouillondraht einen Lockenkopf kleben (siehe auch Seite 39). Mit Filzstift ein Gesicht aufmalen.
4. Die Zahnstocherspitze in die Holzkugel kleben. Den unteren Teil des Zahnstochers in die Rocköffnung stecken, den Faden am Rock fest anziehen und verknoten, die Fadenenden nach innen legen. Von unten den Zahnstocher in die Wattekugel stecken, festkleben. *Foto links unten.*
5. Die goldenen Blätter als Flügel ankleben. Am Kopf die Goldschnur und das Goldsternchen festkleben. Herz oder Sternchen unterhalb des Kopfes festkleben.

Das Peitschchen

Rudolf G. Binding

Als das Jesuskind durch Flandern zog – und es kannte wohl die ganze Welt –, kam es mitsamt seiner Mutter in der großen Stadt Gent am Morgen eines Weihnachtstages an. Die ganze Stadt war für das Fest gerüstet. Auf den Straßen drängten sich die Menschen, um auf den Märkten und in den Läden die neusten und letzten Herrlichkeiten zu erwischen, mit denen sie ihren Angehörigen und ihrem Gesinde am Abend eine Freude machen könnten. Vor der großen Kirche St. Baafs, die wie ein gewaltiger grauer Magnetberg über die Stadt und die Menschen emporragte, die Häuser um sich versammelt hielt und die Menschenströme in sich hineinzog, war ein Weihnachtsmarkt errichtet, und die Pfefferkuchenstände, die Buden mit bunten Likören, mit Christbaumschmuck und Kerzen, mit Zinnsoldaten und Zinnlöffeln, mit Pfeifen, Trompeten und allerhand Kinderspielzeug standen hübsch in Reihen geordnet und einträchtig nebeneinander. Da es noch früh am dämmerigen Morgen war, die Leute vom Lande jedoch, um nichts zu versäumen und einen möglichst langen Tag des Betrachtens und Auswählens vor sich zu haben, schon in die Stadt hereinwogten, brannten in allen Ständen über den Auslagen die Lampen und die Verkäufer brachten die erste Ordnung in ihre Sachen, die der vorangegangene Tag etwas in Unordnung gebracht hatte. Gerade am Zugang zum Hauptportal der Kirche behauptete ein großer Spielwarenstand seinen Platz. Da waren Trommeln und Trompeten, Reifen und Kreisel, bunte Glasklicker, Puppen und Kegel, kleine Männchen, die in Glasröhren in einer rosa Flüssigkeit auf- und niederstiegen, wenn man die Röhre in die Hand nahm, Mundharmonikas und winzige Drehorgeln, die das „Ehre sei Gott in der Höh" in kleinen Tönen von sich gaben, wenn man leise die Kurbel drehte. Und gerade hing eine Magd ein buntes Gedränge von blauen, roten und grünen Luftballons, alle eben neu mit Gas gefüllt und prall, daß sie knirschten, wenn sie aneinanderstießen, an der Ecke der Bude auf, und darunter hing sie ein ganzes Bündel kleiner Peitschen mit geflochtenen Schnüren aus weißem zartem Leder, gelben Schmitzchen und bunten Stielen. Jeder Stiel endete in ein rotes Pfeifchen aus Kirschenholz. Im Hintergrund der Bude aber hinter den langen Brettern und Tischen, auf denen alle die schönen Sachen ausgelegt waren, standen drei Kinder, so blond und auch wohl so alt wie ihr, denen diese Geschichte erzählt wird. Ihre Mutter war die Eigentümerin des Spielwarenstandes. Da sie zu so früher Stunde nicht auf Käufer hoffen konnte, war sie noch nicht zur Stelle, sondern hatte es der Magd überlassen, die Auslage zu besorgen; und diese hatte die Kinder mitgenommen. Da standen sie nun, und während sie teilnahmsvoll und neugierig guckten, wie die Magd immer neue Reichtümer und Herrlichkeiten auspackte und zum Verkauf ordnete, begannen in ihren Herzen Wünsche hin und her zu jagen, begehrliche und vergleichende Gedanken hin und her zu wogen und süße Qualen auf und ab zu ziehen, welcher Gegenstand von allen ihnen wohl am besten gefiele, damit sie ihn sich von ihrer Mutter selbst als Weihnachtsgabe ausbitten könnten. Denn das wußten sie vom letzten Jahr und gedachten es auch diesmal dahin zu bringen, daß ihre Mutter jedem von ihnen erlaubte, sich aus der Fülle der Dinge etwas herauszuwünschen. „Wenn es am Abend nicht verkauft ist", pflegte dann die Mutter zu sagen; denn der ge-

ringe Erlös aus dem Spielzeug ließ es nicht zu, daß sie die Dinge von vornherein für sie beiseite stellte. Und dann zitterten die Kinder den ganzen Tag um den gewünschten Gegenstand, und jedesmal, wenn ein Käufer herantrat, stieg ihnen das Blut zu Kopf und sie fühlten ihr Herz schlagen. Ging er dann weg, ohne, wie sie meinten, ihren Gegenstand entdeckt zu haben, waren sie glücklich. Aber beim nächsten wiederholte sich die Pein.
„Das vorige Jahr hatte ich mir eine Puppe gewünscht", sagte das eine Mädchen, „aber nach wenigen Tagen zerbrach sie. Ich wünsche mir etwas anderes diesmal." Dann trat wieder Schweigen und Überlegen ein. Keines wollte sich verraten. „Eigentlich wäre ein Kreisel sehr schön", sagte das ältere Mädchen, „er zerbricht nicht. Ich sehe Dinge gern, die tanzen und sich drehen." Alle drei guckten nach einem großen Haufen buntbemalter harter Kreisel, die eben aus einem Sack hüpften, den die Magd auf den Tisch stülpte – „Ich wünsche mir einen Kreisel und ein Peitschchen dazu", sagte die Älteste, die mit sich im reinen war.
Die anderen fanden die Idee auf einmal herrlich. „Ich wünsche mir auch einen Kreisel und ein Peitsch-

chen", sagte das zweite Mädchen, als ob sie nicht gesonnen wäre, zurückzustehen.

„Ich auch", sagte der Junge, dem es genug war, daß die älteren Schwestern entschieden hatten. Und alle drei guckten eifrig und prüfend nach dem Haufen Kreisel auf dem Tisch und nach dem Bündel Peitschchen, das von der Ecke der Bude herabhing.

„Während der Kreisel Schwung hat und sich dreht, kann man pfeifen", bemerkte der Junge und fand dies sehr beachtlich. Das Pfeifchen am Peitschenstiel mußte doch seinen Sinn haben. „Und dann versetzt man dem Kreisel wieder einen. Und dann pfeift man wieder."

„Wer am besten kreiseln kann, kann am besten pfeifen", sagte die Älteste.

„Wenn wir alle drei zugleich pfeifen – !" Dies sagte die Jüngere, sah mit großen Augen in die Ferne und hatte offenbar eine wundervolle Erscheinung.

Während sie so schwatzten, kam inmitten der Menge des Volkes, das der Kirche zuströmte, das Jesuskind daher. Es war damals schon größer und saß rittlings auf dem treuen Esel, der von den vielen Fahrten – nach Ägypten und in aller Welt umher – nicht mehr ganz frisch war und mit kleinen andächtigen Schritten in der Menge trippelte. Dem Jesusknaben ging das zu langsam. Vergebens zauste er das Eseltier mit seinen kleinen Händen im zottigen Fell, stieß es mit den Beinchen in die Seiten oder suchte es durch kleine Zurufe zu ermuntern. Der Esel blieb in seinem Gang, und die Jungfrau Maria, die lächelnd hinter ihrem Kinde schritt, trieb ihn nicht an.

Wie sie nun in diesem Aufzuge, oftmals gehemmt durch ein sanftes Stehenbleiben des Tieres, vor dem Spielwarenstand anlangten, gewahrte Jesus an der Ecke das Bündel Peitschen, ergriff, indem er seinen Esel darunter hinwegtrieb, als rechter Herr der Welt eines am Stiel und zog es, ohne viel zu fragen, aus der Schlinge, in der es mit seinen Kameraden aufgehangen war. Dann schwang er es lustig über seinem Reittier.

„Halt! Nicht!" rief die Magd, und auch die Kinder wollten Halt! Nicht! rufen und krausten die Gesichter. Aber sie brachten keinen Ton aus den Kehlen. Das Jesuskind blickte sie nur aus seinen unergründlichen Augen einmal freundlich und sieghaft an. Da war es, als ob es um sie geschehen wäre. Der Atem stockte ihnen, alle drei griffen nacheinander, als müßten sie sich an etwas festhalten, und in einer süßen Bangigkeit der Herzen folgten sie mit den Augen dem wundersamen Knaben, der sie mit einem einzigen Blick in seinen Bann getan hatte, wie sie wohl selbst ein paar Wasserkäfer in ein Glas steckten.

„Wer ist denn das?" fragten sie einander leise, ohne sich anzusehen. Und als nun gar noch eine überirdische hohe Frau an ihnen vorüberzog und sie mit einem seltsam fremden Gruß zu streifen schien, und es ihnen so ganz weihnachtlich zumute wurde, da sagte die Älteste vorsichtig: „Es könnte beinahe das Christkind gewesen sein." „Was du nur immer hast!" sagte die Jüngere und war dabei froh, daß ihr die Schwester eine plausible Erklärung für den Zustand ihrer Sinne unter den Fuß gegeben hatte; „natürlich war es das Christkind! Einem anderen Kind hätten wir das Peitschchen doch gar nicht gelassen."

„Welches war das Christkind?" fragte der Junge, der sich selbst noch nicht begriff. „Wenn ihr es gesehen habt, will ich es auch gesehen haben." „Das auf dem Esel", sagten die beiden anderen nun sehr bestimmt, da sie ihren Vorsprung fühlten. „Das auf dem Esel? Ja!" sagte der Knabe. „Wenn es nicht das Christkind gewesen wäre, hätte es ja auch das Peitschchen gar nicht nehmen dürfen."

„Besonders hätten wir aber doch einem andern Kind das Peitschchen gar nicht gelassen", sagte das zweite Mädchen wieder. „Und wir mußten es ihm doch lassen."

In diesen Worten fanden die Kinder eine vollkommene Sicherheit, und alle drei waren so gewiß, das Christkind von Angesicht zu Angesicht gesehen zu haben, wie es gewiß war, daß sie die Kinder ihrer Mutter waren. Und dann kam ihnen immer wieder der wundersame Blick des schönen Knaben, der Gruß der hochgewachsenen Frau wie in einem verklärten Schein zurück und erfüllte sie mit einer geheimnisvollen Erregung. Die Morgenglocken von St. Baafs erklangen feierlich über ihnen und der Weihnachtstag mit seinen Wundern zog herauf. Die Kinder hatten den Christusknaben gesehen, und wer es ihnen bestritten hätte, den hätten sie mitleidig ausgelacht.

Da kam die Mutter. „Mutter, wir haben das Christkind gesehen", riefen sie alle drei. Aber es war ihnen gar nicht lieb, als ihre Mitteilung nicht recht verfing, die Mutter vielmehr nur belustigt schien und sagte: „So? Da habt ihr was Rechtes gesehn! Und was wünscht sich nun jedes zu Weihnachten?"

Daß das Christkind das Peitschchen genommen hat, sagen wir jetzt besser nicht, dachten die drei und antworteten lieber auf die Frage ihrer Mutter. „Ich wünsche mir einen Kreisel und ein Peitschchen", sagte die Älteste. „Und ich auch", sagte die Jüngere. „Und ich auch", der Junge.

„Wenn es am Abend nicht verkauft ist", erwiderte die Mutter und betrat den Stand. Die Käufer drängten sich, der kurze Tag brach an, die Lampen wurden gelöscht, und auch für die Kinder verschwanden die Ereignisse des Morgens im Grau des Tageslichts und im Gesumme des geschäftigen Treibens auf dem großen Markt. Zudem begann die Qual der Erwartung sie zu bewegen und zu erfüllen, ob denn für jedes am Abend ein Kreisel und ein Peitschchen übrig sein werde. Und dies alles beschäftigte sie zu sehr, als daß sie an anderes hätten denken mögen. Jedesmal, wenn ein Käufer herantrat und einen Kreisel oder ein Peitschchen verlangte, gab es in drei kleinen Herzen drei kleine Stiche, und wenn einer einen Kreisel mitsamt einem Peitschchen kaufte, waren die drei Stiche in den Herzen noch deutlicher fühlbar.

Aber ihre Qualen wurden immer größer und ihre Gesichter immer länger. Der hochgetürmte Haufen von Kreiseln nahm reißend ab und das dicke Bündel Peitschchen wurde schmächtiger und schmächtiger. Noch einmal schüttete die Magd einen Sack Kreisel auf den Tisch, und noch ein Bündel Peitschchen wurde an der Ecke der Bude aufgehangen. Dann war der Vorrat erschöpft. Die Kinder merkten gar nicht, daß auch die Puppen weniger wurden und die Trommeln und die Glasröhren mit den steigenden Männchen und die Spieldosen und die Bälle. Als der Tag vorüber war und die Stände überall geschlossen wurden, war in dem ihren alles ausverkauft. Nur drei Kreisel, die ganz allein aus der Fülle der Dinge übriggeblieben waren, lagen verlassen an der Stelle, wo der Haufen gewesen war. Aber kein Peitschchen mehr war da, sie anzutreiben, und so schienen sie völlig nutzlos und überflüssig.

Die Mutter überblickte ihren Stand, freute sich des flotten Geschäftes und guten Erlöses, den ihr der Tag gebracht, und hatte die Kinder ganz vergessen. Jetzt bemerkte sie sie wieder, wie sie traurig dasaßen und ihnen das Weinen nahe war.

„Nun? – Was ist?" fragte sie. Aber das war schon wie ein Stoß. Die Kinder brachen in helle Tränen aus und schnelle Perlchen rollten unaufhaltsam über ihre Kittel.

„Nun haben wir kein einziges Peitschchen", jammerten sie durcheinander; „was sollen uns jetzt die Kreisel!" Die Mutter rückte zwischen sie, wußte aber noch keinen Trost.

„Und das letzte Peitschchen hat uns das Christkind auch noch weggenommen", klagte der Junge.

„Das Christkind – ?" fragte die Mutter.

In diesem Augenblick öffneten sich, langsam und weit, die Flügeltüren am Hauptportal von St. Baafs, was sonst nur bei den feierlichsten Gelegenheiten geschah; denn die Menschen gingen seitlich durch zwei kleine Pforten ein und aus. Die Flügeltüren öffneten sich, und heraus trat die überirdische Frau, die in der Frühe die Kinder so seltsam gegrüßt hatte.

„Das ist sie, die mit dem Christkind war!" flüsterten die Kinder und krochen eng an ihre Mutter heran. Und während alle vier kein Auge von der Gestalt verwenden konnten, schritt diese ruhig auf den leeren Verkaufsstand zu, und der Weihnachtsschauer ging vor ihr her. Wieder wie am Morgen stockte den Kindern der Atem, wieder griffen sie nacheinander, als müßten sie sich an etwas festhalten, und in einer süßen Bedrängnis der Herzen ergaben sie sich, daß ihnen etwas widerführe, was ihnen nie wieder in ihrem Leben widerfahren würde. Die Frau aber trug das Peitschchen in der Hand, das Jesus in der Frühe aus dem Bündel an der Ecke der Bude herausgezogen hatte, reichte es mit einer unnachahmlichen Bewegung der Mutter hin und sprach: „Dies Peitschchen gehört wohl in diesen Stand." Darauf streifte sie Mutter und Kinder mit ihrem Gruß, wendete sich und trat, wie sie gekommen, in die große Kirchentür zurück, deren Flügel sich hinter ihr schlossen.

Den Kindern war es eng und heiß und doch auch wieder weit und frei, und obzwar sie anfänglich etwas enttäuscht schienen wie über ein halbes Glück, ging ihnen doch bald der Sinn auf: daß sie nämlich nun gar kein Peitschchen hätten, weil es längst mit den andern verkauft worden wäre, wenn das Christkind ihnen nicht am Morgen dieses Tages eines weggenommen hätte. Da wurden ihre Augen hell und sie sahen einander an. Die Mutter küßte ihre Kinder. Wie auf Verabredung ergriff jedes einen der drei Kreisel, alle drei faßten das Peitschchen an, als ob es ein langer Spieß gewesen wäre, und so trugen sie ihre Geschenke in einem glücklichen kleinen Triumphzug nach Hause.

Mit dem Peitschchen hatte es aber eine besondere Bewandtnis. Denn obgleich ein Peitschchen für drei Kreisel und drei Kinder reichlich wenig schien, so entstand doch nie ein Streit darum. Es wurde den Kindern wie zu einem Wahrzeichen, daß Menschen alles miteinander teilen können.

Seit jener Zeit geht in Flandern eine Redeweise. Wenn mehrere so recht miteinander einig sind, sagt man wohl von ihnen: Ach, die! die haben ein Peitschchen miteinander.

Schmackhafter Weihnachtskarpfen

Karpfen im Sud

Für 4 Personen

1 küchenfertiger Karpfen
(etwa 2 kg)
Sud und Sauce:
3 Möhren
1/4 Sellerieknolle
1 kleine Porreestange
1 mit 1 Nelke gespickte Zwiebel
1/2 Lorbeerblatt
einige Stengel Petersilie
Salz
Pfefferkörner
1/4 l trockener Weißwein
(z.B. Silvaner)
1/8 l Wasser
1 EL gehackte Schalotten
60 g eiskalte Butter
Kerbelblätter

1. Den Karpfen beim Einkauf filetieren lassen, Kopf und Gräten mitnehmen, Kiemen entfernen.
2. Für den Sud den Kopf und die Gräten waschen. Die Möhren und den Sellerie schälen. Eine Möhre, ein Stück von dem Sellerie und den geputzten Porree kleinschneiden. Zusammen mit der Zwiebel, den Fischabfällen und den Gewürzen in einen weiten Topf geben und mit 1/8 l Wein und dem Wasser übergießen. Im offenen Topf 20 Minuten kochen lassen. Den Sud durch ein Sieb streichen.
3. Die restlichen Möhren und den restlichen Sellerie in feine Streifen schneiden, zusammen mit den Schalotten in den Sud geben. 5 Minuten kochen lassen.
4. Den restlichen Wein sowie 20 g Butter hinzufügen und die Karpfenfilets in den Sud legen. Bei leichter Hitze 5 Minuten ziehen lassen. Die Filets herausnehmen und auf eine heiße Platte geben.
5. Den Fischsud auf die Hälfte einkochen lassen, vom Herd nehmen und die restliche Butter in Flöckchen unterrühren. Zum Schluß die Kerbelblätter an die Sauce geben. Die Sauce getrennt zum Fisch servieren.
Statt Kerbel kann man auch frische Basilikumblätter oder Estragon verwenden. *Foto oben.*

Bayerische Creme

Für 4 Personen

$^1/_2$ Vanilleschote
$^1/_4$ l Milch
4 Blatt weiße Gelatine
4 Eigelb
100 g Zucker
250 g Sahne
Zucker für die Form

1. Die Vanilleschote aufschneiden. Das ausgekratzte Mark sowie die Schote in die Milch geben und $^1/_2$ Stunde stehen lassen. Die Milch in einer Kasserolle zum Kochen bringen. Die Gelatine in kaltem Wasser einweichen.

2. Die Eigelbe mit dem Zucker zu einer dicken, schaumigen Creme rühren. Unter ständigem Schlagen mit dem Schneebesen die kochende Milch nach und nach hinzugeben. In einer dickwandigen Kasserolle bei leichter Hitze (Elektro: Schaltstufe 1) oder im Wasserbad unter ständigem Schlagen mit dem Schneebesen dicklich werden lassen. Die Creme darf nicht aufkochen, da sie sonst gerinnt. Sofort vom Herd oder aus dem Wasserbad nehmen und die ausgedrückte Gelatine darin auflösen. In eine Schüssel mit Eiswürfeln setzen und unter häufigem Rühren erkalten lassen.

3. Wenn die Creme zu erstarren beginnt, die steifgeschlagene Sahne vorsichtig unterheben. In eine kalt ausgespülte, mit Zucker ausgestreute hohe Form füllen. Es kann eine Puddingform oder eine nichtrostende Napfkuchenform aus Kupfer oder eine kunststoffbeschichtete Form sein. Oder in Portionsschälchen füllen. Mit einem geölten Bogen Alufolie bedecken.

4. Die Creme mindestens 6 Stunden, am besten über Nacht, in den Kühlschrank stellen.

Zum Stürzen die Form wenige Sekunden in kochendes Wasser tauchen und die Creme auf eine runde Platte stürzen.

Dazu passen frische, gezuckerte Beerenfrüchte oder feines Kompott oder Himbeersaft von frischen Himbeeren. *Foto links.*

Die dritte Adventswoche

Vom Himmel in die tiefsten Klüfte

Vom Himmel in die tiefsten Klüfte
Ein milder Stern herniederlacht;
Vom Tannenwalde steigen Düfte
Und hauchen durch die Winterlüfte,
Und kerzenhelle wird die Nacht.

Mir ist das Herz so froh erschrocken.
Das ist die liebe Weihnachtszeit!
Ich höre fernher Kirchenglocken
Mich lieblich heimatlich verlocken
In märchenstille Herrlichkeit.

Ein frommer Zauber hält mich wieder,
Anbetend, staunend muß ich stehn;
Es sinkt auf meine Augenlider
Ein goldner Kindertraum hernieder,
Ich fühl's, ein Wunder ist geschehn.

Theodor Storm

Engelschmuck

Material und Werkzeug

1 Engelwachskopf mit gemalten Haaren, etwa 5 cm groß, mit den passenden Händen, 1 Rundholzstab (Durchmesser 0,8 cm, Länge 22 cm), 1 Sperrholzscheibe (Durchmesser 12-15 cm, Dicke 1/2 cm), Brokatborte, 1-2 cm breit, Stoff für das Kleid (Menge nach Schnitt berechnen), 22 x 45 cm Stoff für die Schärpe, Vlies, Kerzen, Manschetten, Glöckchen, gekaufte Flügel (10 x 12 cm) oder Bastelfolie, Schnitt für das Kleid, Bleistift, Nadel und Faden, Klebepistole, Basteldraht, Schere, Nähmaschine, Handbohrer, Kneti.

Engel mit rotem Samtkleid

Anleitung

1. Den Kopf und die Hände an dem Rundholzstab befestigen. Das Vlies in Streifen schneiden und den Oberkörper des Engels damit umwickeln. Die Vliesstreifen mit Basteldraht umwickeln.
2. In die Mitte der Sperrholzplatte ein Loch bohren und den Stab mit dem Oberkörper einkleben. *Foto links unten.*
3. Die Schemazeichnungen für das Kleid abnehmen und die Schnitteile auf den Stoff übertragen. Mit Nahtzugabe zuschneiden.
4. Die Seitennähte der Ärmel schließen, über die Arme des Engels ziehen, am Oberkörper festkleben. Am Handgelenk kräuseln und Faden gut vernähen. Mit der Brokatborte abdecken.
5. Die Passe hinten am Halsausschnitt einschneiden und über den Kopf stülpen. An den Seiten 1 cm einschlagen, stramm über den Körper ziehen und so festkleben, daß der Ärmelansatz mit verdeckt wird. Den Halsausschnitt mit Brokatborte abdecken.
6. Die seitlichen Nähte des Rocks schließen, den Rock unten nach rechts säumen. Den Saum von rechts mit der Brokatborte abdecken. Den Rock in der Taille mit doppeltem Faden kräuseln, dem Engel überstreifen und den Faden in der Taille fest anziehen und vernähen.
7. Die Schärpe säumen, von vorn nach hinten um die Taille schlingen, auf dem Rücken überkreuzen, zu den Schultern hochführen, über die Arme zum Rocksaum führen und unter dem Rocksaum festkleben.
8. Die Flügel am Rücken festkleben. Die Manschetten mit Kneti an den Händen befestigen, dann die Kerzen darin festkleben. Die Glöckchen ebenfalls befestigen.

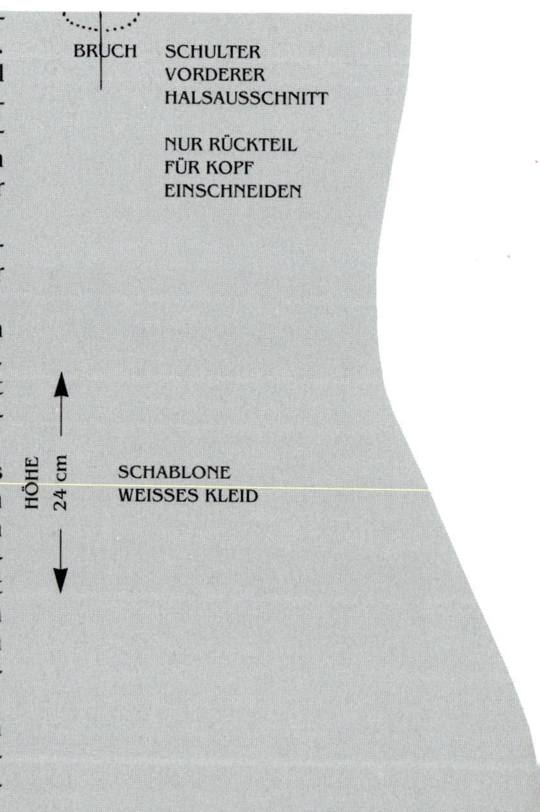

TIP Engelflügel können Sie übrigens auch selbst herstellen, das ist gar nicht so schwer. Nach Fertigstellung des Engels schneiden Sie sich aus Pappe ein Modell zu, um Höhe und Breite zu bestimmen. Die Pappe können Sie dann mit selbstklebender Goldfolie beziehen oder mit kleinen Federn bekleben.

Engel im weißen Kleid

Material und Werkzeug

1 Engelwachskopf mit den passenden Händen, 1 Rundholzstab (Durchmesser 0,8 cm, Länge 22 cm), 1 Sperrholzplatte (Durchmesser 12-15 cm, Dicke 1/2 cm), Vlies, aufbügelbare Vlieseline, Stoff für das Kleid, Brokatborte, Kordel, Flügel, Manschetten, Kerzen, Schnitt für das Kleid, Bleistift, Nähmaschine, Nähgarn, Schere, Bügeleisen, Klebepistole, Kneti.

Anleitung

1. Den Unterbau wie beim Engel mit rotem Samtkleid beschrieben herstellen.
2. Für das Kleid den Schnitt von der Schemazeichnung abnehmen und auf den Stoff übertragen. Mit Nahtzugabe zuschneiden. Die Vlieseline zur Verstärkung aufbügeln.
3. Die Schnittkanten eventuell nachschneiden, von rechts die Brokatborte mit Zick-Zack-Stichen aufnähen.
4. Am Halsausschnitt hinten etwas einschneiden, das Kleid überziehen. Den Halsausschnitt mit Brokatborte bekleben.
5. Die Seitennähte bis zur Höhe des Handgelenks zukleben. Die Kordel um die Taille schlingen. Die Flügel am Rücken festkleben.
6. Mit Kneti die kleinen Manschetten in die Hand kleben. Kerzen darin befestigen.

Das Fest der heiligen Lucia

Das Lucienfest ist weit verbreitet, es hat vielfältige Ausformungen und seine Geschichte läßt sich bis ins 11. Jahrhundert zurückverfolgen.
Bis zur Einführung des gregorianischen Kalenders 1582 galt der 13. Dezember als der kürzeste Tag im Jahr - es wurde die Wintersonnwende gefeiert. Das kommt einer Neujahrsfeier gleich. So erklären sich auch manche Bräuche, die noch lange nach der Kalenderreform gepflegt wurden: Mädchen ritzten in Baumstämme Zeichen, um aus deren Veränderung die Zukunft lesen zu können.
Lucia - die Leuchtende, Lichtbringende - sollte nach christlichem Verständnis Licht in das Dunkel der längsten Nacht des Jahres bringen. Deshalb wird Lucia auch als freundliche Gestalt dargestellt.
Vor allem in Schweden wird das Lucienfest heute noch gefeiert. Am Vorabend des 13. Dezember wird die älteste Tochter der Familie mit einem Kranz aus Preiselbeeren geschmückt, in den Kerzen gesteckt werden. Am nächsten Morgen bringt die Lucienbraut der ganzen Familie das Frühstück ans Bett, gekleidet in ein weißes, bodenlanges Kleid, den Kranz mit den brennenden Kerzen auf dem Kopf.
Dieser Brauch hat wahrscheinlich seinen Ursprung im Elsaß: Das Christkind, in Gestalt einer weißgekleideten Frau mit einem Kranz mit brennenden Kerzen auf dem Kopf ging dort in den Gemeinden von Haus zu Haus und brachte den Kindern seine Gaben.
In manchen Gegenden ist das Lucienfest für die Mädchen, was das Nikolausfest für die Jungen: Lucia verteilt ihre Gaben an brave Mädchen, wenn sie über Nacht ihre Schuhe aufs Fensterbrett stellen.

Aus dem Leben der heiligen Lucia

Lucia, so die Legende, war die Tochter einer vornehmen Familie in Syrakus. Mit ihrer Mutter, die seit Jahren unheilbar krank war, ging sie zum Grab der Hl. Agathe, um für die Genesung ihrer Mutter zu beten. Die Heilige erschien ihr im Traum und prophezeite ihr die Erfüllung ihres Wunsches.
Von ihrer geheilten Mutter erbat Lucia, den für sie ausgewählten Bräutigam nicht heiraten zu müssen und ihre Mitgift an die Armen verschenken zu dürfen. Die Mutter gewährte ihr diese Bitte. Der getäuschte Bräutigam aber übergab sie dem Richter Pasachius und klagte sie an, eine Christin zu sein. Pasachius forderte Lucia auf, den Göttern zu opfern. Als sie sich weigerte, befahl er, sie ins Freudenhaus zu schleppen, um ihren Willen zu brechen. Aber selbst tausend Soldaten und ebensoviele Ochsen konnten sie nicht von der Stelle bewegen. Da ließ er ein Feuer um sie herum entzünden, dieses aber konnte Lucia nichts anhaben. Einer der Soldaten tötete Lucia mit seinem Schwert. Pasachius aber wurde festgenommen, zum Tode verurteilt und hingerichtet.

Pfeffernüsse eß' ich gern

Pfeffernüsse

2 Eigelb
200 g Zucker
1/2 TL Pottasche
40 g fein geschnittenes Zitronat
1/2 TL Zimt, gemahlen
1/2 TL Piment, gemahlen
1 kleine Prise Salz
1/2 TL Nelken, gemahlen
250 g Mehl
1 EL Kirschwasser

1. Das Eigelb mit dem Zucker schaumig rühren. Nach und nach Pottasche, das Zitronat und die Gewürze zugeben. Das Mehl in die Eiermasse sieben und gut unterrühren. Den Teig mit dem Kirschwasser parfümieren.
2. Den Teig auf der bemehlten Arbeitsfläche etwa 1 cm dick ausrollen. Mit einer runden Form oder einem Schnapsglas Plätzchen ausstechen.
3. Ein Backblech mit Backpapier auslegen oder mit Fett bestreichen. Die Plätzchen darauf verteilen, mit einem Küchentuch zudecken und über Nacht an einem kühlen Ort ruhen lassen.
4. Den Backofen auf 180° C vorheizen. Die Pfeffernüsse auf der mittleren Schiene etwa 20 bis 30 Minuten backen.

Luciabrot

350 g Mehl
25 g Hefe
40 g Zucker
1/8 l lauwarme Milch
1 kleine Msp. Safran
1 Prise Salz
1 Ei
50 g Margarine
Mehl
1 Eigelb zum Bestreichen
Korinthen zum Garnieren
Margarine für das Blech

1. Das Mehl in eine Schüssel geben. In die Mitte eine Mulde drücken. Die Hefe hineinbröckeln. Mit etwas Zucker und Milch zum Vorteig verrühren. Mit etwas Mehl vom Rand bestäuben und zugedeckt an einem warmen Ort 15 Minuten gehen lassen.
2. Den Safran in einem Schälchen mit 4 EL Milch auflösen. Das Salz, das Ei, die restliche Milch, den angerührten Safran und den restlichen Zucker in die Schüssel geben. Die Margarine in einem Topf schmelzen, aber bitte nicht erhitzen, und darüber gießen.
3. Alles zu einem Teig kneten und so lange schlagen, bis sich Blasen bilden und der Teig sich vom Rand löst. Mit einem sauberen Küchentuch zugedeckt noch 30 Minuten gehen lassen.
4. Auf einem bemehlten Backbrett aus dem Teig daumendicke, etwa 15 cm lange Rollen formen und zu Schnecken, Brezeln, doppelten und einfachen Spiralen drehen. Einige der doppelten Spiralen über Kreuz zusammenlegen.
5. Mit verquirltem Eigelb bestreichen und mit gewaschenen, trockengetupften Korinthen garnieren.
6. Backblech mit Margarine einfetten. Die Hefeteilchen mit genügend Abstand auf das Blech legen. In den auf 220°C vorgeheizten Ofen auf die mittlere Schiene schieben und ca. 15 Minuten backen.
7. Die Hefeteilchen herausnehmen. Warm servieren. Oder auf einem Kuchendraht abkühlen lassen und kurz vor dem Servieren auf einem Blech 10 Minuten in dem auf 140°C vorgeheizten Ofen erwärmen.

Pfefferkuchen

für ca. 200 Stück

300 g Butter oder Margarine
150 g Zuckerrübensirup
400 g Zucker
2 gehäufte EL Zimt
1 gehäufter EL Ingwer
1 gehäufter EL Nelken
3 Eier
1 gehäufter EL Bikarbonat
800 g Mehl
Mehl zum Ausrollen

1. Butter oder Margarine in einem Topf schmelzen, dann Sirup, Zucker und alle Gewürze hinzufügen. Rühren, bis sich alles gut aufgelöst hat und die Masse geschmeidig ist.
2. Eier hinzugeben. Die Hälfte des Bikarbonats mit dem Mehl vermengen und in die Masse einrühren, dann den Rest des Mehls hinzufügen. Den Teig geschmeidig kneten und über Nacht zugedeckt im Kühlschrank ruhen lassen.
3. Den Teig auf der bemehlten Arbeitsfläche dünn ausrollen und mit Förmchen Pfefferkuchen ausstechen. Auf ein mit Backpapier ausgelegtes Blech legen.
4. Backofen auf 180 °C vorheizen. Pfefferkuchen auf der mittleren Schiene etwa 8–10 Minuten backen.
5. Pfefferkuchen auf einem Rost auskühlen lassen, in einer fest schließenden Blechdose aufbewahren.

Festlicher Tischschmuck

Diese Platzdeckchen mit Applikation sind ganz einfach herzustellen und verschönern jeden Tisch.

Weiße Platzdeckchen mit Sternapplikation

Material und Werkzeug

40 cm weißes Linon (120 cm breit), Stoffreste in Gold, Creme und Glitzer, beidseitig aufbügelbare Vlieseline für Applikationen, Spitze (je nach Größe der Platzdeckchen), passende Nähseide, dünne Pappe, Papier, Lineal, Schere, Bleistift, Zirkel, Nähmaschine, Nähzeug, Bügeleisen.

Anleitung

1. Je nach Größe des Platzdeckchens (hier 35 x 45 cm) auf das Papier mit dem Zirkel einen Kreis von 5-8 cm zeichnen und ausschneiden. Den Kreis 3 x falten und einen Stern schneiden (siehe auch Seite 42). Diesen Stern auf die Pappe übertragen und ausschneiden.
2. Die Vlieseline nach der Anweisung auf der Packung auf den Applikationsstoff aufbügeln. Die Sternschablone auflegen und die Konturen nachzeichnen. Den Stern ausschneiden.
3. Das Linon waschen, trocknen lassen und bügeln. Einen Streifen von 35 x 90 cm zuschneiden. Diesen Streifen auf die Hälfte legen (35 x 45). Die Sterne probeweise auflegen.
4. Von den Sternen die Vlieseline abziehen und auf den Stoff legen. In der gewünschten Position (vorher eventuell mit Bleistift markieren) von beiden Seiten aufbügeln. Die Stoffsterne auflegen und mit engen, großen Zick-Zack-Stichen aufnähen. Den untersten Stern zuerst aufnähen.
5. Das Deckchen wenden, rechts auf rechts, und zusammenähen. Wenden und die Naht ausstreichen. Das Deckchen bügeln und die Spitze von rechts aufnähen. Dabei die verbliebene Öffnung mit zunähen.
Dazu können Sie auch passende Geschenksäckchen nähen (siehe Seite 55). Verzieren Sie diese vorher oder verwenden Sie – wie bei dem Platzdeckchen – die Sternapplikation.

Das Weihnachtsgeschenk

O. Henry

Ihr ganzes Vermögen war ein Dollar, 87 Cents, davon 60 Cents in Pennystücken. Alles mühsam zusammengekratzt und gespart. Und morgen war Weihnachten. Nichts blieb übrig, als sich auf die kleine, schäbige Couch zu werfen und zu heulen. Das tat Della denn auch, und es beweist uns, daß sich das Leben eigentlich aus Schluchzen, Seufzen und Lächeln zusammensetzt, wobei das Seufzen unbedingt vorherrscht. Inzwischen betrachten wir das Heim etwas näher. Es ist eine kleine möblierte Wohnung zu acht Dollars in der Woche. Sie sieht nicht gerade armselig aus, ist davon aber auch nicht allzuweit entfernt. Unten im Hausflur hängt ein Briefkasten, in den niemals Briefe geworfen werden; daneben steckt der Knopf einer elektrischen Klingel, der kaum jemand je einen Ton abschmeichelt. Weiter befindet sich dort auch eine Karte, die den Namen „Mr. James Dillingham Young" trägt. Dieses „Dillingham" war während einer Zeit vorübergehenden Wohlstandes ins Leben gerufen worden, als sein Besitzer dreißig Dollars in der Woche verdiente. Jetzt, da das Einkommen auf zwanzig Dollars zusammengeschrumpft ist, muten die Buchstaben von „Dillingham" etwas verschwommen an, als ob sie ernstlich beabsichtigten, sich zu einem bescheidenen anspruchslosen „D" zusammenzuziehen. Wenn aber Mr. J. D. Y. jeweils eine Etage erreichte, so wurde er „Jim" gerufen und von Frau J. D. Y., uns bereits als Della bekannt, zärtlich umarmt, womit das Buchstabenproblem unwichtig wurde. Somit ist alles in bester Ordnung.

Della hörte zu weinen auf und tröstete ihre Wangen mit der Puderquaste. Sie stand am Fenster und schaute bedrückt einer grauen Katze zu, die im grauen Hinterhof über einen grauen Zaun balancierte. Morgen war Weihnachten, und sie hatte nur das wenige Geld, um Jim ein Geschenk zu kaufen.

Im Zimmer hing zwischen den Fenstern ein Spiegel. Wie hingewirbelt stand Della plötzlich mit hell leuchtenden Augen vor ihm. Rasch löste sie ihr Haar und ließ es in seiner ganzen Länge fallen.

Im Besitze der J. D. Y.'s gab es zwei Dinge, in die sie ihren ganzen Stolz setzten. Das eine war Jims goldene Uhr, die vor ihm seinem Vater und seinem Großvater gehört hatte. Das andere war Dellas Haar. Hätte in der Wohnung jenseits des Hofes die Königin von Saba gewohnt, Della hätte ihr Haar zum Trocknen aus dem Fenster gehängt, einzig und allein, um die Juwelen und Schmuckstücke ihrer Majestät wertlos erscheinen zu lassen. Und wäre König Salomon mit all seinen aufgestapelten Schätzen selbst Concierge des Hauses gewesen, Jim hätte jedesmal beim Vorbeigehen seine Uhr gezückt, um zu sehen, wie König Salomon sich vor Neid den Bart ausrupfte.

So fiel Dellas Haar wie ein goldener Wasserfall glänzend und sich kräuselnd an ihr herab. Es reichte ihr bis unter die Knie und formte beinahe einen Mantel. Mit nervösen Fingern steckte sie es rasch wieder auf. Einmal zögerte sie einen Augenblick. Zwei Tränen fielen auf den abgetragenen roten Teppich. Sie schlüpfte in die alte braune Jacke, setzte den alten braunen Hut auf und huschte, immer noch das glänzende Leuchten in den Augen, zur Tür hinaus, die Treppen hinunter und durch die Straße. Sie stand erst still, als sie bei einem Schild anlagte, auf dem zu lesen war: „Mme. Sofronie, An- und Verkauf von Haar aller Art." In einem Satz rannte Della ein Stockwerk hinauf; keuchend hielt sie an und faßte sich. Madame, groß, massig, zu weiß gepudert, sehr kühl, sah kaum aus, als wäre sie „Sofronie".

„Kaufen Sie mein Haar?" fragte Della.

„Ich kaufe Haar", sagte Madame. „Nehmen Sie den Hut ab und zeigen Sie, was Sie haben."

Herunter rieselte der braune Wasserfall.

„20 Dollars", mit geübter Hand wog Madame die Masse.

„Geben sie es, rasch", sagte Della. Oh, und die zwei folgenden Stunden vergingen wie auf rosigen Schwingen. Vergessen war die zermürbende Vorstellung der fehlenden Haare. Sie durchstöberte die Läden auf der Suche nach Jims Geschenk.

Endlich fand sie es. Sicher war es für Jim und niemand anders gemacht. Nichts kam ihm gleich in keinem der Läden. Es war eine Platinuhrenkette, einfach und geschmackvoll in Form und Zeichnung. Sie war es sogar wert, die Uhr zu ketten. Sobald Della die Kette sah, wußte sie, daß sie Jim gehören mußte. Sie war wie er. Einundzwanzig Dollars nahmen sie ihr dafür ab, und mit den 87 Cents eilte sie heim. Mit dieser Kette an seiner Uhr durfte Jim in jeder Gesellschaft so eifrig wie er nur wollte nach der Zeit sehen. So schön die Uhr war, schaute er nämlich manchmal scheu darauf, weil das alte Lederband, das er an Stelle einer Kette benützte, so schäbig war.

Als Della zu Hause ankam, ließ ihr Taumel nach und sie wurde etwas vernünftig. Sie holte ihre Brennschere heraus, zündete das Gas an und machte sich daran, die Verheerung, die Großmütigkeit zusammen mit Liebe angerichtet hatte, wieder gutzumachen, was immer eine Riesenarbeit ist, liebe Freunde, – eine Mammut-Aufgabe. Nach vierzig Minuten war ihr Kopf mit kleinen, nahe beisammenliegenden Löckchen bedeckt, die ihr ganz das Aussehen eines Lausbuben gaben. Lange schaute sie ihr Bild an, das der Spiegel zurück-

Mme. Sofronie
An- und Verkauf von Haar aller Art
Obst + Gemüse
Zur Post

warf, kritisch und sorgfältig. „Wenn Jim mich nicht tötet", sagte sie zu sich selbst, „bevor er mich ein zweitesmal anschaut, so wird er sagen, ich sehe aus wie ein Chormädchen von Coney Island. Aber was konnte ich tun – oh, was konnte ich tun mit einem Dollar und 87 Cents?"

Um sieben Uhr war der Kaffee gemacht, und die heiße Bratpfanne stand hinten auf dem Ofen, bereit, die Kotelettes aufzunehmen, die darin gebraten werden sollten.

Jim kam nie spät. Della nahm die Kette in die Hand und setzte sich auf den Tisch bei der Tür, durch die er immer hereinkam. Dann hörte sie entfernt seinen Schritt im ersten Stockwerk, und für einen Augenblick wurde sie ganz weiß. Sie hatte die Gewohnheit, im stillen kleine Gebete für die einfachsten Alltagsdinge zu sagen und sie flüsterte vor sich hin: „Lieber Gott, mach, daß er denkt, ich sei immer noch hübsch."

Die Tür öffnete sich. Jim kam herein und schloß sie. Er war mager und hatte ein sehr ernstes Aussehen. Armer Kerl, erst zweiundzwanzig und schon mit einer Familie beladen. Er hätte dringend einen neuen Mantel gebraucht und hatte keine Handschuhe. – Jim stand bei der Türe still, so unbeweglich wie ein Jagdhund, der eine Fährte wittert. Seine Augen waren auf Della gerichtet und hatten einen Ausdruck, den sie nicht deuten konnte und der sie erschreckte. Es war nicht Ärger. Della sprang vom Tisch herunter und lief auf ihn zu.

„Jim, Lieber", rief sie weinend, „schau mich nicht so an. Ich ließ mein Haar abschneiden und verkaufte es, weil ich es nicht ausgehalten hätte, ohne dir ein Geschenk zu Weihnachten zu geben. Es wird wieder nachwachsen. Du bist nicht böse, nicht wahr? Ich mußte es einfach tun. Mein Haar wächst unheimlich schnell. Sag ‚Fröhliche Weihnachten!', Jim, und laß uns glücklich sein. Du weißt ja gar nicht, welch schönes – wunderbar schönes Geschenk ich für dich habe."

„Dein Haar hast du abgeschnitten?" fragte Jim mühsam, als hätte er selbst mit der strengsten geistigen Arbeit diese offensichtliche Tatsache noch nicht erfaßt.

„Abgeschnitten und verkauft", sagte Della. „Verkauft ist es, sag ich dir, verkauft und fort. Heute ist doch Heiliger Abend, du. Sei lieb, es ist doch für dich. Sei lieb, ich gab es ja für dich weg. Es kann ja sein, daß die Haare auf meinem Kopf gezählt waren", fuhr sie mit plötzlicher ernsthafter Verliebtheit fort, „aber niemand könnte je meine Liebe zu dir zählen. Soll ich jetzt die Kotelettes auflegen, Jim?"

Nun schien Jim rasch aus seinem Trancezustand zu erwachen. Er nahm Della in seine Arme. Für zehn Sekunden wollen wir mit diskreter Genauigkeit irgendeinen belanglosen Gegenstand in entgegengesetzter Richtung eingehend betrachten. Acht Dollars in der Woche oder eine Million im Jahr – was ist der Unterschied? Ein Witzbold und ein Mathematiker würden uns beide eine falsche Antwort geben. Indessen zog Jim ein Päcklein aus seiner Manteltasche und warf es auf den Tisch.

„Du mußt dir nichts Falsches vorstellen über mich, Della", sagte er. „Ich glaube, da gäbe es kein Haarschneiden, Dauerwellen oder Waschen in der Welt, das mich dazu brächte, mein Frauchen weniger zu lieben. Aber wenn du das Paket da auspackst, wirst du sehen, warum ich mich zuerst eine Weile nicht erholen konnte."

Weiße Finger zogen an der Schnur, rissen am Papier. Ein begeisterter Freudenschrei. Und dann – oh weh – ein rascher, echt weiblicher Wechsel zu strömenden Tränen und lauten Klagen erforderte die Anwendung sämtlicher tröstender Kräfte und Einfälle des Herrn des Hauses. Denn da lagen sie, die Kämme – die Garnitur von Kämmen, seitlich und rückwärts einzustecken, die Della so lange im Schaufenster einer Hauptstraße bewundert hatte. Fabelhafte Kämme, echtes Schildpatt, mit echten Steinen besetzt – gerade in den Farbtönen, die in dem wundervoll verschwundenen Haar so schön gespielt hätten. Es waren teure Kämme. Sie wußte es. Mit ganzem Herzen hatte sie diese Wunder begehrt. Und jetzt gehörten sie ihr, aber die Zöpfe, die mit diesen begehrenswerten Schmuckstücken hätten geziert werden sollen, waren fort.

Trotzdem drückte sie sie an ihr Herz, und endlich konnte sie auch mit verschleierten Augen aufsehen und lächelnd sagen: „Mein Haar wächst ja so schnell, Jim!"

Und dann sprang Della auf wie eine kleine Katze, die sich gebrannt hatte, indem sie immerzu „Oh, oh" rief. Jim hatte ja sein wunderschönes Geschenk noch nicht gesehen. Sie hielt es ihm auf der offenen Hand eifrig entgegen. Das wertvolle, matt glänzende Metall schien ihre heitere und feurige Seele widerzuspiegeln.

„Ist es nicht großartig – das einzig Wahre? Ich habe darnach gejagt, bis ich es fand. Du wirst jetzt jeden Tag hundertmal sehen müssen, wieviel Uhr es ist. Gib mir deine Uhr, ich muß sehen, wie die Kette daran aussieht."

Anstatt zu gehorchen, machte es sich Jim auf der Couch bequem, legte die Hände hinter den Kopf und lächelte.

„Dell", sagte er, „wir wollen unsere Weihnachtsgeschenke noch für einige Zeit aufbewahren, sie sind zu schön, als daß wir sie jetzt gebrauchen könnten. Denke, ich habe die Uhr verkauft, um das Geld für deine Kämme zu erhalten. Und jetzt, glaub' ich, ist es das beste, du stellst die Koteletts auf."

Nelken, Zimt und Koriander

Zimtsterne

Für etwa 65 Stück

500 g ungeschälte Mandeln
4 Eiweiß
1 Prise Salz
300 g Puderzucker
1 EL Zitronensaft
2 TL Zimt, gemahlen
Margarine für das Blech

1. Die Mandeln in einem Küchentuch abreiben. Durch die Mandelmühle drehen oder in der Küchenmaschine fein mahlen. Das Eiweiß mit Salz in einer Schüssel sehr steif schlagen. Unter weiterem Schlagen langsam den gesiebten Puderzucker und tropfenweise den Zitronensaft zugeben. Von dem Eiweißschaum 4 EL abnehmen. Zugedeckt beiseite stellen.
2. 450 g Mandeln und den Zimt vorsichtig mit dem Eischnee vermengen. Die Arbeitsfläche mit den restlichen gemahlenen Mandeln bestreuen. Den Teig darauf in kleinen Portionen vorsichtig (der Teig reißt leicht) 5 mm dick ausrollen. Sterne (Durchmesser etwa 6 cm) ausstechen.
3. Ein Backblech mit Backpapier oder Alufolie auslegen und mit Margarine einfetten. Zimtsterne darauf legen und mit dem beiseite gestellten Eiweißschaum gleichmäßig bestreichen.
4. Backblech in den auf 160°C vorgeheizten Backofen auf die mittlere Schiene schieben und die Zimtsterne 25 Minuten mehr trocknen als backen.
5. Die Zimtsterne herausnehmen, mit einer Palette vorsichtig vom Backpapier oder von der Alufolie lösen und auf einem Kuchengitter auskühlen lassen. In gut verschlossenen Behältern aufbewahren. *Foto links.*

TIP Beim Ausstechen den Teig gut ausnutzen. Die Teigreste können nämlich nicht wieder ausgerollt werden. Am besten kleine Kugeln daraus formen und mit einer bemehlten Gabel flachdrücken.

Haferflocken-schokoladen-plätzchen

Für etwa 100 Stück

200 g Haferflocken
200 g Mehl
1 Prise Salz
1 Päckchen Backpulver
200 g Margarine
2 Eier
200 g Zucker
1 Päckchen Vanillinzucker
Mehl zum Ausrollen
Margarine zum Einfetten
Schokoladenglasur:
200 g Puderzucker
30 g Kakao
2-3 EL Wasser
Garnierung:
50 g Mandelstifte
50 g Haselnüsse

1. Die Haferflocken mit dem Mehl, der Prise Salz und dem Backpulver mischen. In eine Schüssel geben. In die Mitte eine Mulde drücken. Margarine in Flocken auf dem Rand verteilen.
2. In die Mulde Eier, Zucker und Vanillinzucker geben. Von außen nach innen zu einem glatten Teig kneten. Etwa 30 Minuten kalt stellen. Am besten im Kühlschrank.
3. Das Backbrett oder die Arbeitsfläche mit Mehl bestäuben. Den Teig darauf etwa 1/2 cm dick ausrollen. Plätzchen im Durchmesser von 3 cm ausstechen.
4. Das Backblech einfetten. Die Plätzchen darauflegen und in den auf 200°C vorgeheizten Ofen auf die mittlere Schiene schieben und 10 Minuten backen.
5. Die Plätzchen auf einem Kuchengitter auskühlen lassen.
6. Für die Schokoladenglasur den Puderzucker sieben und in einer Schüssel mit Kakao und Wasser verrühren. Die Plätzchen damit überziehen. Mit Mandelstiften und Nüssen garnieren. *Foto rechts.*

Ingwergebäck

500 g Mehl
1 Päckchen Backpulver
1 TL Ingwer, gemahlen
1 TL frischen Ingwer, grob gehackt
1 TL gemahlene Nelken
1 TL gemahlener Zimt,
300 g Butter
300 g Zucker
100 g Sirup
Außerdem:
Mehl zum Ausrollen
Fett für das Blech
Zum Garnieren:
kandierte Ingwer- und Orangenstückchen

1. Das Mehl mit dem Backpulver und den Gewürzen mischen. Das Fett schaumig rühren, nach und nach den Zucker zugeben. So lange rühren, bis sich der Zucker aufgelöst hat.
2. Das Mehl dazugeben und den Sirup unterrühren. Alles zu einem glatten Teig verkneten. Aus dem Teig Rollen von ca. 3 cm Durchmesser formen. Die Rollen in Alufolie wickeln und etwa 1 Stunde im Kühlschrank kühl stellen.
3. Den Backofen auf 200° C vorheizen. Ein Backblech mit Backpapier auslegen oder leicht fetten. Von den Teigrollen 1/2 cm dicke Scheiben abschneiden, auf das Backblech legen.
4. Die Plätzchen mit den kandierten Ingwer- und Orangenstückchen verzieren, auf der mittleren Schiene in den Backofen schieben und etwa 10-15 Minuten backen.

Makronen

für 55 Stück

75 g Orangeat
4 Eiweiß
350 g Puderzucker
300 g geriebene Mandeln
abgeriebene Schale von 1 Orange
abgeriebene Schale von 1 Zitrone
1 Prise Salz
1 TL gemahlener Zimt
1 Msp. gemahlene Nelken
1 Msp. gemahlener Kardamom
55 Oblaten von 5 cm Durchmesser
Mehl zum Bestäuben

1. Das Orangeat fein hacken und beiseite stellen. Das Eiweiß in einer Schüssel steif schlagen. Löffelweise den gesiebten Puderzucker unterheben. Dann die geriebenen Mandeln, abgeriebene Orangen- und Zitronenschale, Orangeat und alle Gewürze unterrühren.
2. Die Oblaten auf ein bemehltes Backblech setzen. Mit 2 Teelöffeln Teighäufchen abstechen und auf die Oblaten setzen. In den auf 160°C vorgeheizten Backofen auf die mittlere Schiene schieben und etwa 30 Minuten mehr trocknen als backen. *Foto unten.*

Karten und Geschenkanhänger

Wenn's Weihnachten wird, kommt auch die Zeit, lieben Menschen Grüße zu schicken oder sie zu beschenken.

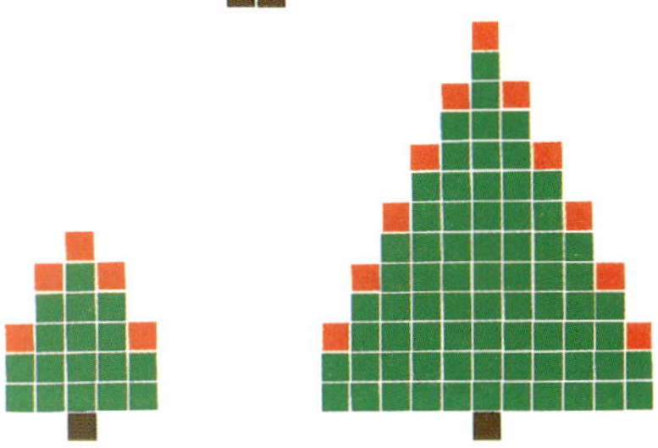

Gestickte Motive

Material und Werkzeug

Stickgarn in Rot, Grün, Gelb, Schwarz und Braun, Sticknadel, Schere, leicht zählbarer Stickstoff (Größe nach Wahl).

Anleitung

Mit Kreuzstichen lassen sich diese Kerzenreihe und der Tannenbaum leicht sticken. Der Kreuzstich besteht aus zwei schrägen Stichen, die kreuzweise übereinander gestickt werden. In der Richtung von links unten nach rechts oben stickt man zuerst den Unterstich, zurück von rechts unten nach links oben den Deckstich. Alle Grund- und Deckstiche müssen in die gleiche Richtung zeigen. Verwenden Sie die Zählmuster.

Engel-Motiv

Material und Werkzeug

1 Engelschablone (siehe Zeichnung), selbstklebende Folie, Briefkarten in verschiedenen Farben, Klebstoff, dünner Karton, dünne Kordel, Bleistift, Schere.

Anleitung

1. Die Zeichnung abpausen oder fotokopieren und auf den dünnen Karton übertragen. Auf das Papier Ihrer Wahl übertragen und ausschneiden.
2. Das Engelmotiv ist vielseitig verwendbar: Es kann auf Karten aufgeklebt werden oder einen Geschenkanhänger (die Kordel dient als Aufhänger) zieren.
Aus Tonpapier geschnitten, schmückt es ein weihnachtliches Fenster.
Aus Stoff wird daraus eine hübsche Applikation für eine Weihnachtsdecke und als Schablone eignet es sich für selbstgemachtes Geschenkpapier. Dafür einen Bogen einfaches Packpapier auslegen. Mehrere Engelschablonen (positive und negative) auflegen und mit Goldspray oder einer anderen Farbe großzügig übersprühen.

Geschenkanhänger aus Holz

Material und Werkzeug

Dünnes Sperrholz, 1 Schablone (Stern, Tannenbaum, Schneemann, Engel oder Mond), weiße oder goldene Farbe oder Farbe Ihrer Wahl, dünne Kordel, schmale Schleife, selbstklebende Etiketten, Pinsel, Bleistift, Schere, Klebepistole, Basteldraht, Laubsäge, Schmirgelpapier, Handbohrer.

Anleitung

1. Die Schablone auf das Holz legen, Konturen mit einem Bleistift nachzeichnen. Die Motive aussägen und die Kanten glattschmirgeln. Oben ein Loch für den Aufhänger bohren.
2. Die Motive sauber abwischen und anmalen oder ansprühen, über Nacht trocknen lassen.
3. Aus dem schmalen Band zwei kleine Schleifen legen, mit Draht fixieren. Die dünne Kordel durch das Loch ziehen und verknoten. Die Schleifen auf der Vorder- und der Rückseite vor das Loch kleben.
4. Auf die Klebe-Etiketten die Namen schreiben und auf die Holzmotive kleben. So sind die Anhänger mehrmals verwendbar.

Phantasievoll verpackte Geschenke

Ein schönes Geschenk braucht auch eine dekorative Verpackung, den passenden Rahmen. Ein liebevoll verpacktes Geschenk zeigt dem Beschenkten, daß er Ihnen viel wert ist. Es gibt viele Möglichkeiten, ein Geschenk zu verpacken. Wichtig ist nur, daß Inhalt und Verpackung zusammenpassen.
In den Papierabteilungen der Warenhäuser und in Schreibwarengeschäften kann man unter einer Vielzal verschiedener Geschenkpapiere wählen; auch Bänder und Dekomaterialien findet man in Hülle und Fülle.
Auch beim Geschenkeverpacken will man auf die Umwelt Rücksicht nehmen. Achten Sie bei Ihrem Einkauf besonders auf Geschenkpapiere aus Altpapier – es gibt Papiere mit dem blauen Umweltengel – auf Papierkordeln und Naturmaterialien. Ein Geschenk, in einfaches Packpapier eingeschlagen und mit bunter Paketschnur verschnürt, kann genauso schön wirken wie ein aufwendig verpacktes Prachtstück. Auch Zeitungspapier ist hübsch, wenn man es gekonnt kombiniert: etwa mit einer schönen, getrockneten Hortensie verziert.
Eine Alternative zur Papierverpackung ist das Einschlagen in Stoff: eine hübsche Serviette, ein Spitzentaschentuch, ein Einstecktuch oder ein Schal, ein Küchenhandtuch oder ein Waschhandschuh ... Damit tun Sie auch etwas für die Müllvermeidung, denn gerade um die Weihnachtszeit fällt ein unnötiger Papier- und Schleifenberg an.
Oft findet sich auch unter dem Hausrat eine hübsche Hülle für ein Geschenk: eine alte, nostalgische Kaffeedose, eine besonders schöne Konfektschachtel, eine Schale oder ein rustikaler Korb ... Alte Schachteln lassen sich mit allerhand bekleben: mit witzigen Cartoons aus Zeitschriften, mit abgelösten Weinetiketten (wenn man in der Schachtel einige Flaschen Wein verschenken will) oder mit bunten Papierschnipseln.
Die Verzierung muß nicht immer eine Schleife sein, falten Sie Fächer oder Rosetten aus Papier, verzieren Sie Ihr Geschenk mit Trockenblumen oder mit hübschen Gräsern und anderen Naturmaterialien.
Versuchen Sie, eigene Ideen zu entwickeln und lassen Sie sich von den Beispielen in diesem Buch anregen.

Teilbare Kugel

Material und Werkzeug

1 teilbare Klarsicht-Kunststoff-Kugel (Durchmesser 15 cm), 2 m langes und 3 cm breites Band, 2 m langes und 1,5 cm breites Band, 2 m langes und 1 cm breites Band, einige rote Seidenblüten, 70 cm dünne Goldkordel, dicke rote Holzperlen (Durchmesser 2 cm), 4-6 kleine Tannenzweige, Klebepistole, Basteldraht, Seitenschneider.

Anleitung

1. Die Dekomaterialien halbieren. Aus den Bändern mehrschlaufige Schleifen legen, mit Draht fixieren. Die Stiele der Blüten mit dem Seitenschneider auf unterschiedliche Längen schneiden.
2. Auf jede Hälfte der Kugel die Hälfte der Dekomaterialien kleben. Die Ösen frei lassen.
3. Die Kugel mit kleinen Geschenken füllen und verschließen. Durch die Ösen die Goldkordel ziehen. An die Enden die Holzperlen kleben. Die Kordel zur Schleife binden.

TIP Die Kugel läßt sich anschließend als Raum- oder Fensterschmuck verwenden. Die Goldkordel dient dann als Aufhänger.

Originelle Verpackungen ohne Papier

Material und Werkzeug

1 Geschirrhandtuch, Sticknadel, Stickgarn, Stramin, kleine Kugeln, Tannenzweige, Geschenkband, Seitenschneider, Schere, Klebepistole, Basteldraht.

Anleitung

1. Die Lage des Motivs bestimmen. Je nach Musterung und Webart des Geschirrhandtuchs kann das Motiv direkt aufgestickt werden. Ist dies nicht der Fall, den Stramin mit Heftstichen auf das Handtuch heften. Das Motiv auf den Stramin sticken. Geeignet sind alle Motive von Seite 94.
2. Wenn das Motiv fertig ist, den Stramin wieder entfernen. Das geht ganz einfach, indem Sie den Stramin Faden für Faden herausziehen.
3. Aus Bändern, Tannenzweigen und Kugeln ein kleines Gebinde legen und mit Draht abbinden. Auf die Abbindestelle eine Schleife kleben.
4. Das Geschenk in das Geschirrtuch einschlagen und mit dem Gebinde verzieren. Darauf achten, daß das Stickmotiv dabei nicht verdeckt wird.

Geschenk mit großem Schleifenbukett

Material und Werkzeug

Geschenkpapier, passendes 2-5 cm breites Schleifenband, 2 Rosen aus Wachspapier oder Seide, 1 m goldenes Glitterband, etwas Tannengrün, Goldzweige, 1 m dünne Goldkordel, 6 kleine Weihnachtskugeln, Basteldraht, Klebepistole, Schere, Seitenschneider.

Anleitung

1. Die Enden des breiten Bandes zu Bandspitzen kleben (siehe auch Seite 70) und das Band zu einer fünf- bis sechsschlaufigen Schleife legen, mit Draht fixieren.
2. Das Glitterband zu einer Schleife mit langen Bändern legen, 3 Kugeln auf unterschiedlich lange Kordelstücke fädeln und festbinden. Die Kordelenden mit Draht zusammenfassen.
3. Das Geschenk einpacken. Die Dekomaterialien erst zur Probe auflegen und dann nach und nach aufkleben. 3 Kugeln direkt auf die Abbindestelle der großen Schleife kleben.

TIP Experimentieren Sie mit Bändern unterschiedlicher Breite, Sie werden staunen, wie verschieden die Ergebnisse sind! Eine Schlaufe aus mehreren Schlaufenpaaren zum Beispiel läßt sich mit einem schmaleren Band zu einer hübschen Rosettenform legen.

Saftiger Schweinebraten

Rindfleischsuppe mit Kräuterflädle

Für 4 Personen

$1^1/_2$ l klare Rindfleischbrühe (selbstgemacht oder aus Extrakt)
Kräuterflädle:
60 g Mehl
1 Prise Salz
4 Eier
$^1/_8$ l Milch
1 EL zerlassene Butter
2 EL feingewiegte Kräuter (Dill, Kerbel, Petersilie, einige Blättchen Estragon)
Butter oder Öl zum Braten

1. Die Fleischbrühe erhitzen und zur Seite stellen.
2. Für die Flädle Mehl und Salz in eine Schüssel geben und mit den Eiern verrühren. Die Milch unter Rühren hinzufügen und zum Schluß die flüssige Butter zugeben. Den Teig mindestens 20 Minuten stehen lassen. Die Kräuter erst vor dem Braten der Flädle wiegen und an den Teig geben.
3. Das Fett in einer beschichteten Pfanne erhitzen und wenig Teig hineingießen. Den Teig unter Schwenken der Pfanne nach allen Seiten verteilen und von beiden Seiten goldgelb backen. Aufrollen und in Streifen schneiden.
4. Die Rindfleischbrühe erneut erhitzen und die Flädle kurz vor dem Servieren einige Minuten zum Aufwärmen hineingeben. *Foto oben.*

TIP Die Flädle werden besonders zart, wenn man den Teig 1 Stunde ausquellen läßt, bevor die Flädle gebacken werden.

Schweinebraten mit Kruste

Für 6-8 Personen

1-1,5 kg Schweinekeule (Oberschale) oder Schweineschulter mit Schwarte
Salz
weißer Pfeffer aus der Mühle
1 EL Schmalz oder Butter
1 Bund Suppengrün
1 TL Kümmel
1 Msp. Majoran
etwas dunkles Bier

1. Die Schwarte des Schweinebratens diagonal einschneiden oder gleich beim Einkauf einschneiden lassen.
2. Den Backofen auf 200°C vorheizen.
3. Den Schweinebraten waschen, trockentupfen und gründlich mit Salz und Pfeffer einreiben. Das Fett in einem eisernen Schmortopf erhitzen und den Braten darin von allen Seiten anbraten.
4. Das Suppengrün kleinschneiden und mit Kümmel und Majoran in den Topf geben. Mit 1 Tasse Wasser aufgießen. Den Braten auf die untere Schiene in den Backofen schieben und unter gelegentlichem Begießen mit dem Bratensaft in $1^1/_2$-2 Stunden braten. Die letzten 30 Minuten immer wieder mit Bier bepinseln, damit die Kruste schön knusprig wird. Den Braten herausnehmen und vor dem Anschneiden 10 Minuten stehen lassen.
5. Den Bratensaft mit etwas Wasser ablöschen, durch ein Sieb gießen, entfetten und eventuell noch mit etwas Salz abschmecken. Zu dem aufgeschnittenen Braten reichen.
Dazu passen Kartoffelknödel und Rotkohl.
Getränkeempfehlung: kühles Bier.
Foto rechts.

Kartoffelklöße aus gekochten Kartoffeln

Für 4 Personen

Kartoffelteig:
1 kg gekochte Kartoffeln vom Vortag
75 g Weizenmehl
75 g Grieß
Salz
frischgeriebene Muskatnuß
1 Ei
Mehl zum Formen
Füllung:
50 g durchwachsener geräucherter Speck
2 Brötchen vom Vortag
2 EL Butter
Außerdem:
Salz
evtl. in Butter geröstete Semmelbrösel

1. Für den Kartoffelteig die Kartoffeln schälen und durch die Kartoffelpresse drücken. Mit den übrigen Zutaten zu einem glatten Teig verkneten. Aus dem Kartoffelteig auf einem leicht bemehlten Brett eine etwa 6 cm dicke Rolle formen.
2. Für die Füllung den Speck in kleine, die Brötchen in etwas größere Würfel schneiden. Die Butter in einer Pfanne erhitzen und die Speckwürfel darin glasig braten. Die Brotwürfel hinzufügen und unter gelegentlichem Umrühren goldbraun rösten. Abkühlen lassen.
3. Die Teigrolle in zwei fingerdicke Scheiben schneiden. In die Mitte der Teigstücke je einige geröstete Speck- und Semmelwürfel geben und den Teig mit leicht bemehlten Händen zu Knödeln formen.
4. In einem großen, breiten Topf reichlich Wasser zum Kochen bringen, salzen (1 l Wasser = 10 g Salz) und die Knödel nacheinander in das kochende Salzwasser legen. Im offenen Topf in etwa 20 Minuten garziehen lassen.
5. Mit einer Schaumkelle herausheben, gut abtropfen lassen und in eine Schüssel geben.

Apfelküchlein

Für 4 Personen

3 säuerliche Äpfel
100 g Weizenmehl
1 Prise Salz
$^1/_8$ l Milch
1 Ei, getrennt
100 g Butterschmalz
Zimt
Zucker

1. Die Äpfel waschen, schälen und das Kerngehäuse ausstechen. Die Äpfel in Scheiben schneiden.
2. Aus Mehl, Salz, Milch und Eigelb einen glatten Teig rühren. Das Eiweiß sehr steif schlagen und unter den Teig heben.
3. Das Butterschmalz in einer Pfanne mit hohem Rand erhitzen. Die Apfelscheiben nacheinander durch den Ausbackteig ziehen und in dem heißen Butterschmalz beidseitig goldbraun ausbacken.
4. Zimt und Zucker miteinander mischen. Die Apfelküchlein noch heiß darin wälzen.
5. Die Apfelküchlein auf Dessertteller legen. Nach Belieben Vanillesauce oder Vanilleeis dazu reichen. *Foto unten.*

Rotkohl

(Blaukraut)

Für 4 Personen

1 kg Rotkohl
2 säuerliche Äpfel
50 g Schweine- oder Gänseschmalz
1 kleine, geschälte Zwiebel, mit 2 Nelken gespickt
$^1/_4$ l Wasser
$^1/_8$ l Rotwein
3 Stück Würfelzucker
2 EL Essig
2 EL Preiselbeeren (aus dem Glas)

1. Die äußeren harten Blätter des Rotkohls entfernen, den Kohl halbieren und den Strunk herausschneiden. Den Kohl hobeln oder in feine Streifen schneiden.
2. Die Äpfel vierteln, das Kerngehäuse entfernen, schälen und in Stücke schneiden.
3. Das Schmalz in einem Topf erhitzen und die Apfelstücke darin andünsten. Den Kohl und die Zwiebel hinzufügen. Mit Wasser und Rotwein aufgießen.
4. Die Zuckerstücke in einer Pfanne erwärmen, bis sie karamelisieren. Den Essig hinzufügen und aufkochen lassen. Zu dem Rotkohl geben.
5. Den Topf gut verschließen und den Rotkohl ca. 45 Minuten dünsten. Zum Schluß mit den Preiselbeeren vermischen.

Die vierte Adventswoche

Weihnachten

Markt und Straßen stehn verlassen,
Still erleuchtet jedes Haus,
Sinnend geh' ich durch die Gassen,
Alles sieht so festlich aus.

An den Fenstern haben Frauen
Buntes Spielzeug fromm geschmückt,
Tausend Kindlein stehn und schauen,
Sind so wunderstill beglückt.

Und ich wandre aus den Mauern
Bis hinaus ins freie Feld,
Hehres Glänzen, heil'ges Schauern!
Wie so weit und still die Welt!

Sterne hoch die Kreise schlingen,
Aus des Schnees Einsamkeit
Steigt's wie wunderbares Singen –
O du gnadenreiche Zeit!

Joseph von Eichendorff

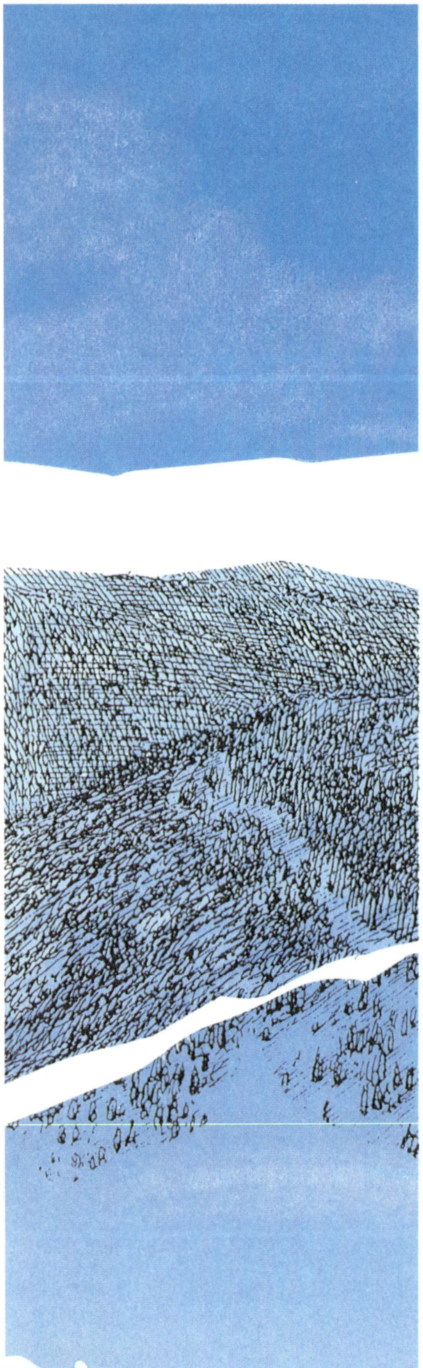

Unser erster Christbaum

Peter Rosegger

Es waren die ersten Weihnachtsferien meiner Studentenzeit. Wochenlang hatte ich schon die Tage, endlich die Stunden gezählt bis zum Morgen der Heimfahrt von Graz ins Alpel. Und als der Tag kam, da stürmte und stöberte es, daß mein Eisenbahnzug stecken blieb. Da stieg ich aus und ging zu Fuß, frisch und lustig, sechs Stunden lang durch das Tal, wo der Frost mir Nase und Ohren abschnitt, daß ich sie gar nicht mehr spürte. Durch den Bergwald hinauf, wo mir so warm wurde, daß die Ohren auf einmal wieder da waren und heißer als je im Sommer.

So kam ich, als es schon dämmerte, glücklich hinauf, wo das alte Haus, schimmernd durch Gestöber und Nebel, wie ein verschwommener Fleck stand, einsam mitten in der Schneewüste. Als ich eintrat, wie war die Stube so klein und niedrig und dunkel und warm – urheimlich. In den Stadthäusern verliert man ja allen Maßstab für ein Waldbauernhaus. Aber man findet sich gleich hinein, wenn die Mutter den Ankömmling ohne alle Umstände so grüßt: „Na, weil d' nur da bist!"

Auf dem offenen Steinherd prasselte das Feuer, in der guten Stube wurde eine Kerze angezündet. „Mutter, nit!" wehrte ich ab, „tut lieber das Spanlicht anzünden, das ist schöner."

Sie tat's aber nicht. Das Kienspanlicht ist für die Werktage. Weil nach langer Abwesenheit der Sohn heimkam, war für die Mutter Feiertag geworden. Darum die festliche Kerze.

Als die Augen sich an das Halblicht gewöhnt hatten, sah ich auch das Nickerl, das achtjährige Brüderlein. Es war das jüngste und letzte. „Ausschauen tust gut!" lobte die Mutter meine vom Gestöber geröteten Wangen.

Der kleine Nickerl aber sah blaß aus. „Du hast ja die Stadtfarb, statt meiner!" sagte ich und habe gelacht. Die Sache war so. Der Kleine tat husten, den halben Winter schon. Und da war eine alte Hausmagd, die sagte es täglich wenigstens dreimal, daß für ein „hustendes Leut"nichts schlechter sei als „der kalte Luft". Sie verbot es, daß der Kleine hinaus vor die Türe ging. Ich glaube, deshalb war er so blaß, und nicht des Hustens halber.

In der dem Christfest vorhergehenden Nacht schlief ich wenig – etwas Seltenes in jenen Jahren. Die Mutter hatte mir auf dem Herde ein Bett gemacht mit der Weisung, die Beine nicht zu weit auszustrecken, sonst kämen sie in die Feuergrube, wo die Kohlen glosten. Die glosenden Kohlen waren gemütlich, das knisterte in der stillfinsteren Nacht so hübsch und warf manchmal einen leichten Glutschein an die Wand, wo in einem Gestelle die buntbemalten Schüsseln lehnten. Da war ein Anliegen, über das ich schlüssig werden mußte in dieser Nacht, ehe die Mutter an den Herd trat, um die Morgensuppe zu kochen. Ich hatte viel sprechen gehört davon, wie

man in den Städten Weihnachten feiert. Da sollen sie ein Fichtenbäumchen, ein wirkliches kleines Bäumlein aus dem Wald, auf den Tisch stellen, an seinen Zweigen Kerzlein befestigen, sie anzünden, darunter sogar Geschenke für die Kinder hinlegen und sagen, das Christkind hätte es gebracht.

Nun hatte ich vor, meinem kleinen Bruder, dem Nickerl, einen Christbaum zu errichten. Aber alles im geheimen, das gehört dazu. Nachdem es soweit taglicht geworden war, ging ich in den frostigen Nebel hinaus. Und just dieser Nebel schützte mich vor den Blicken der ums Haus herum arbeitenden Leute, als ich vom Wald her mit einem Fichtenwipfelchen gegen die Wagenhütte lief.

Dann ward es Abend. Die Gesindleute waren noch in den Ställen beschäftigt oder in den Kammern, wo sie sich nach der Sitte des Heiligen Abends die Köpfe wuschen und ihr Festgewand herrichteten. Die Mutter in der Küche buk die Christtagskrapfen, und der Vater mit dem kleinen Nickerl besegnete den Hof. Hatte nämlich der Vater in einem Gefäß glühende Kohlen, hatte auf dieselben Weihrauch gestreut und ging damit durch alle Räume des Hofes, um sie zu beräuchern und dabei schweigend zu beten. Es sollten böse Geister vertrieben und gute ins Haus gesegnet werden.

Dieweilen also die Leute draußen zu tun hatten, bereitete ich in der großen Stube den Christbaum. Das Bäumchen, das im Scheite stak, stellte ich auf den Tisch. Dann schnitt ich vom Wachsstock zehn oder zwölf Kerzchen und klebte sie an die Ästlein. Unter-

halb, am Fuße des Bäumchens, legte ich einen Wecken hin.
Da hörte ich über der Stube auf dem Dachboden auch schon Tritte – langsame und trippelnde. Sie waren schon da und segneten den Bodenraum. Bald würden sie in der Stube sein, mit der wir den Rauchgang zu beschließen pflegten. Ich zündete die Kerzen an und versteckte mich hinter dem Ofen.
Die Tür ging auf, sie traten herein mit ihren Weihgefäßen und standen still. „Was ist denn das?" sagt der Vater mit leiser, langgezogener Stimme. Der Kleine starrte sprachlos drein. In seinen großen, runden Augen spiegelten sich wie Sternlein die Christbaumlichter. – Der Vater schritt langsam zur Küchentür und flüsterte hinaus: „Mutter, Mutter! Komm ein wenig herein." Und als sie da war: „Mutter, hast du das gemacht?"
„Maria und Josef!" hauchte die Mutter, „was lauter habens denn da auf den Tisch getan?" Bald kamen auch die Knechte und die Mägde herbei, hell erschrocken über die seltsame Erscheinung. Da vermutete einer, ein Junge, der aus dem Tal war: Es könnte ein Christbaum sein...
Sollte es denn wirklich wahr sein, daß Engel solche Bäumlein vom Himmel bringen? – Sie schauten und staunten. Und aus des Vaters Gefäß qualmte der Weihrauch und erfüllte schon die ganze Stube, so daß es war wie ein zarter Schleier, der sich über das brennende Bäumchen legte.
Die Mutter suchte mit den Augen in der Stube herum. „Wo ist denn der Peter?"
Da erachtete ich es an der Zeit, aus dem Ofenwinkel hervorzutreten. Den kleinen Nickerl, der immer noch sprachlos und unbeweglich war, nahm ich an den kühlen Händchen und führte ihn vor den Tisch. Fast sträubte er sich. Aber ich sagte – selber tief feierlich gestimmt – zu ihm: „Tu dich nicht fürchten, Brüderl! Schau, das lieb Christkindl hat dir einen Christbaum gebracht. Der ist dein."
Und da hub der Kleine an zu wiehern vor Freude und Rührung, und die Hände hielt er gefaltet wie in der Kirche. – –
Öfter als vierzigmal seither habe ich den Christbaum erlebt, mit mächtigem Glanz, mit reichen Gaben und freudigem Jubel unter Großen und Kleinen. Aber größere Christbaumfreude, ja eine so helle Freude hab ich noch nicht gesehen, als jene meines kleinen Brüderlein Nickerl – dem es so plötzlich und wundersam vor Augen trat – ein Zeichen dessen, der da vom Himmel kam.

Festlicher Christbaumschmuck

Vielleicht haben Sie ja auch schon daran gedacht, Ihren Christbaum einmal anders zu schmücken? Es haben Ihnen nur die Ideen gefehlt? Hier sind einige Vorschläge für ganz individuellen Christbaumschmuck.

Schneeball

Material und Werkzeug

Weiße Styroporkugel (Durchmesser 6 cm), Gold- oder Silberkordel, weichfallender Stoff in Weiß, Zirkel, Zick-Zack-Schere.

Anleitung

1. Auf den Stoff einen Kreis von 25 cm Durchmesser aufzeichnen. Mit der Zick-Zack-Schere ausschneiden. Dabei die Bleistiftlinien wegschneiden.
2. Die Styroporkugel in die Mitte des Kreises legen, den Stoff oben zusammenfassen und mit der Gold- oder Silberkordel fest zusammenbinden. Die Kordel so lang schneiden, daß der Schneeball daran aufgehängt werden kann.

TIPS • Die Abbindestelle mit einem Gebinde aus kleinen Seidenblumen und -blättern und einer hübschen Schleife verzieren.
• Den Schneeball großzügig mit Bouillondraht umwickeln.
• Einen Kreis der gleichen Größe aus einem durchbrochenen Glitzerstoff schneiden. Diesen Glitzerstoff über den weißen Schneeball ziehen und ebenfalls oben zusammenfassen. Der weiße Stoff soll noch durch den durchbrochenen Stoff zu sehen sein.
• Wenn Sie mehrere Schneebälle herstellen, arbeiten Sie effizienter, wenn Sie beim Zuschneiden mehrere Stofflagen übereinanderlegen. Damit sie nicht verrutschen, mit Stecknadeln oder einigen Heftstichen fixieren. Dann verfahren wie unter 1. beschrieben.

Schneeflocke

Material und Werkzeug

15 cm weißer Stoff, Füllmaterial (z.B. Watte), Papier, 1 Holzperle (Durchmesser 2 cm) mit Loch, weißes Vlies, 60 cm dünne Kordel, 1 weißer Pfeifenputzer, Schere, Bleistift, Zirkel, Klebepistole, Filzstifte, Nähzeug.

Anleitung

1. Auf das Papier mit dem Zirkel einen Kreis von 15 cm Durchmesser zeichnen und ausschneiden. Umrisse mit Bleistift auf den weißen Stoff übertragen und ausschneiden. In $^1/_2$ cm Entfernung von der Schnittkante mit doppeltem weißem Faden heften, Nadel und Faden hängen lassen.
2. Den Schnitt für die Kapuze von der Schemazeichnung abnehmen, Umrisse auf das Vlies übertragen und ausschneiden. Die Kapuze insgesamt 4x zuschneiden. (Sie können auch 4 Lagen Vlies übereinanderlegen.) Die vier Kapuzenteile an der kurzen, geraden Schnittkante zusammennähen, dabei den Aufhänger einnähen.
3. Den Pfeifenputzer auf 8 cm Länge abschneiden, auf die Hälfte knicken und mit den beiden Enden in die Holzperle kleben. Den Stoffkreis nehmen, mit den Heftfäden zusammenziehen und mit Füllmaterial füllen. Den Pfeifenputzer mit Klebstoff bestreichen und in die Mitte des Füllmaterials stecken. Es soll nur noch der Kopf herausschauen. Den Heftfaden ganz fest anziehen, einige Male um den „Hals" wickeln und vernähen.
4. Die Kapuze wenden und auf den Kopf stülpen. Die Kapuze mit dünner Kordel am Hals festbinden. Dafür die Kordel von hinten nach vorn führen und zur Schleife binden. Mit Filzstiften ein Gesicht zeichnen.

Schneemann

Material und Werkzeug

1 Styroporkugel (Durchmesser 5 cm), 1 Styroporkugel (Durchmesser 3-4 cm), 1 Zylinder, 20 cm dünne Goldkordel, Vlies vom Meter, 40 cm dünne, dicke, rote Kordel, 1 Tannenzweig, rote und schwarze Pinnadeln, Pappe, Klebepistole, Schere, spitze Stopfnadel, Maßband.

Anleitung

1. Den Umfang der Kugeln messen. Der gemessene Umfang ergibt den Durchmesser des Kreises, den Sie aus dem Vlies zuschneiden müssen.

2. Die beiden Vliesteile am Rand mit Heißkleber beträufeln, einige Sekunden antrocknen lassen, dann um die Styroporkugeln kleben. Die beiden Kugeln mit den Klebestellen aufeinanderkleben.

3. Die Goldkordel mit der Nadel durch den Zylinder ziehen und unten festkleben. Den Zylinder auf dem Kopf festkleben. Die Pinnadeln in den Kopf stecken: zwei kleinere schwarze für die Augen und eine größere rote für den Mund.

4. Die rote Kordel wie einen Schal um den Hals des Schneemanns wickeln. Anschließend seitlich am Körper einen kleinen Tannenzweig festkleben.

Den Baumschmuck, den wir Ihnen hier vorstellen, können Sie übrigens genauso gut für einen Tannenstrauß verwenden.

Lila Schleifen aus Papierkordel

Material und Werkzeug

1 Kerzenhalter für Christbaumkerze, 30-40 cm lila Papierkordel, 1-2 goldene Seidenblumen, Goldfarbe, Pinsel, Basteldraht, Klebepistole, Schere.

Anleitung

1. Die Papierkordel aufdrehen und glattstreichen. Den Papierstreifen zur Schleife legen und andrahten. Die Drahtenden abschneiden.

2. Bei dem Kerzenhalter die Halterung für die Kerze aufbiegen, die Schleife aufkleben und mit wenig Goldfarbe in vereinzelten Strichen bemalen. Auf die Abbindestelle der Schleife die goldene Blüte kleben.

TIP Sie können die Schleife zusätzlich mit dünnen Bändern und Perlenschnur dekorieren.

Girlande in Lila

Material und Werkzeug

Goldene Perlenkette (Länge nach Belieben), lila Papierkordel, Goldsternchen (Durchmesser 0,8-1 cm), Goldfarbe, Pinsel, Basteldraht, Klebepistole, Schere.

Anleitung

1. Die Papierkordel in 5 cm lange Stücke scheiden. Auseinanderziehen und glattstreichen, dann an einem Ende mit Draht zusammenfassen. Die Drahtenden etwa 10 cm lang stehen lassen.
2. Mit dem Pinsel in vereinzelten Strichen die Goldfarbe auftragen. Die einzelnen Papierkordelstücke in gleichmäßigen Abständen an die Perlenschnur binden. Die Drahtenden abschneiden und die Abbindestelle von beiden Seiten mit Sternchen bekleben.

Geschmückte Tannenzapfen

Material und Werkzeug

1 möglichst großer, schöner Tannenzapfen, Erlenzapfen, Sprühfarbe in einer beliebigen Farbe, 1-2 kleine Tannenzweige, 3-5 goldene Blätter, Seidenblüten, Seiden-Weihnachtsstern, Kordel oder Band als Aufhänger, Schleifenband oder Kordel, Deko-Steck-Kugel, 3-5 Perlenblüten, Basteldraht, Klebepistole, Schere, Seitenschneider.

Anleitung

1. Den Tannenzapfen von allen Seiten gleichmäßig besprühen, am besten über Nacht trocknen lassen. Eine Schleife mit Aufhänger (siehe Seite 99) vorbereiten, mit Draht abbinden. Perlenblüten (siehe Seite 22) herstellen.
2. Die Stiele der Blüten und Blätter auf unterschiedliche Länge kürzen. Die Dekomaterialien mit den Tannenzweigen und den Blättern beginnend auf den Zapfenhals kleben. Zuletzt die Schleife mit Aufhänger festkleben.

Feines Gebäck zur Weihnachtszeit

Vanillekipferl

Für ca. 40 Stück

300 g Weizenmehl
2 Eigelb
200 g Butter
150 g geriebene Mandeln
100 g Zucker
1 EL Vanillezucker
Mehl zum Formen
60 g Puderzucker, mit echter Vanille gemischt, zum Wenden

1. Das Backblech mit Backpapier auslegen. Das Mehl auf die Arbeitsfläche schütten, in die Mitte eine Vertiefung drücken und die Eigelbe hineingeben. Die gekühlte Butter in Flöckchen rundum auf dem Mehl verteilen, die Mandeln, den Zucker und den Vanillezucker darüber streuen.
2. Die Zutaten zuerst mit zwei Messern vermengen und dann schnell zu einem glatten Teig verkneten. Den Mürbeteig 30 Minuten in den Kühlschrank stellen. Den Backofen auf 175°C vorheizen.
3. Mit leicht bemehlten Händen kleine Kipferln (Hörnchen) aus dem Teig formen und auf das Backblech setzen. Die Kipferln auf der mittleren Schiene im Backofen in 20-25 Minuten hellgelb backen.
4. Die Kipferln noch warm in dem Vanillezucker wenden und schichtweise zwischen Pergamentpapier in einer Blechdose aufbewahren. *Foto rechts.*

Spritzgebäck mit Schokolade

Für ca. 20 Stück

Teig:
100 g Butter
100 g Zucker
1 Ei
100 g Weizenmehl
100 g Stärkemehl
2 EL Milch
30 g geschälte, geriebene Mandeln
100 g Aprikosenkonfitüre
Glasur:
50 g Zartbitterschokolade
1 TL Butter

1. Die Butter schaumig rühren. Den Zucker und das verquirlte Ei hinzufügen. Das Mehl mit dem Stärkemehl sieben und eßlöffelweise mit der Milch unterrühren. Die Mandeln unter den Teig mischen, in den Kühlschrank stellen und 1 Stunde ruhen lassen.
2. Den Backofen auf 175°C vorheizen. Den Teig in einen Spritzbeutel mit großer Sterntülle füllen. In Form von kleinen Halbkreisen auf das mit Butter bestrichene oder mit Backpapier belegte Blech spritzen. (Genügend Abstand lassen, weil die Plätzchen beim Backen aufgehen.) Auf der mittleren Schiene etwa 15 Minuten hellgelb backen. Vom Blech lösen und auf einem Kuchengitter auskühlen lassen.
3. Auf der glatten Seite mit der

Konfitüre bestreichen und je zwei Stücke zusammensetzen. Auf ein Brett legen und etwas antrocknen lassen.
4. Die Schokolade in Stücke brechen und mit 1 EL Wasser im Wasserbad schmelzen lassen.
5. Die Butter hinzugeben, in der warmen Schokolade zergehen lassen und gut verrühren.
6. Jeweils beide Enden der Plätzchen mit der Glasur bestreichen oder in die Schokolade tauchen. Trocknen lassen. *Foto links.*

TIP Mandeln lassen sich leicht schälen, wenn sie mit kochendem Wasser überbrüht werden. Dann kann man die Haut ganz leicht abziehen.

Feine Mürbeteig-sternchen

Für ca. 25 Stück

300 g Weizenmehl
200 g Butter
100 g Zucker
90 g geriebene, ungeschälte Mandeln
1 Msp. gemahlene Nelken
1 Msp. Zimt
1 Msp. gemahlenes Kardamom
Außerdem:
Mehl zum Ausrollen
100 g Puderzucker zum Bestreuen
100 g Konfitüre zum Bestreichen

1. Das Backblech mit Backpapier auslegen.
2. Das Mehl auf ein Backbrett schütten. Die kalte Butter in Flöckchen dazugeben, Zucker, Mandeln und Gewürze darüber streuen.
3. Die Zutaten zuerst mit 2 Messern zerhacken, dann mit beiden Händen schnell zu einem glatten Teig verkneten. Dann 30 Minuten kalt stellen.
4. Den Backofen auf 180°C vorheizen.
5. Den Teig auf einem bemehlten Backbrett messerrückendick ausrollen und mit einer Form Sterne ausstechen. Bei der Hälfte der Sterne nochmal in der Mitte ein kleines rundes Plätzchen ausstechen, so daß ein Loch entsteht.
6. Die Plätzchen auf das Backblech geben und auf der mittleren Schiene des Backofens in 10-15 Minuten goldgelb backen.
7. Die Sternchen mit der ausgestochenen Mitte mit Puderzucker übersieben, die übrigen in der Mitte mit Konfitüre bestreichen. Die mit Puderzucker übersiebten Sterne so auf die mit Marmelade bestrichenen setzen, daß die Zacken der Sternchen versetzt aufeinanderliegen. *Foto rechts oben.*

Spitzbuben

300 g Mehl
100 g Zucker
1 Päckchen echter Vanillezucker
abgeriebene Schale von
1/2 unbehandelten Zitrone
75 g gemahlene Mandeln
220 g Butter
1 kleines Ei
Außerdem:
Mehl zum Ausrollen
Butter für das Blech
100 g Himbeerkonfitüre
Vanillezucker

1. Das Mehl, den Zucker und den Vanillezucker auf die Arbeitsfläche häufen. Die abgeriebene Zitronenschale und die geriebenen Mandeln darüber verteilen. In die Mitte eine Vertiefung drücken.
2. Die Butter in kleinen Flöckchen auf dem Rand verteilen, das Ei aufschlagen und in die Vertiefung gleiten lassen. Nun alle Zutaten vom Rand her rasch zu einem geschmeidigen Teig verarbeiten. Den Teig in Alufolie wickeln und mindestens 1 Stunde kühl stellen.
3. Den Teig auf bemehlter Arbeitsfläche dünn ausrollen, mit runden Ausstechformen Plätzchen ausstechen. Ein Backblech mit Backpapier auslegen und leicht fetten. Die Plätzchen darauflegen. Den Backofen auf 180° C vorheizen.
4. Die Plätzchen auf der mittleren Schiene in den Backofen schieben und etwa 10-12 Minuten backen. Die Plätzchen sollen goldgelb sein.
5. Je zwei Plätzchen mit der Himbeerkonfitüre zusammensetzen, die Unterseiten zeigen nach innen. Die zusammengesetzten Plätzchen mit der Oberseite in Vanillezucker tauchen.

Festlicher Weihnachts-schmuck

Besonders schön sieht Weihnachtsschmuck aus, der farblich aufeinander abgestimmt ist. Die Farbkombination Blau-Silber wirkt sehr elegant.

Kordelkugeln in Blau-Silber

Material und Werkzeug

1 Styroporkugel (Durchmesser 8 cm), 4 m glänzende blaue Kordel (Dicke ca. 0,5 cm), silberne Blätter, Seidenblüten, Beeren, Perlenschnur, breite und schmale Bänder, Schere, Klebepistole, Seitenschneider.

Anleitung

1. Die Kugel sauber und deckend mit der Kordel bekleben. Schleifen in verschiedenen Größen, Farben und Materialien herstellen. Aus den Perlschnüren eine kleine Quaste herstellen oder ein fertige Quaste kaufen.
2. Die Stiele von Blüten und Blättern auf unterschiedliche Länge zurechtschneiden. Ein doppelt gelegtes Stück Kordel als Aufhänger ankleben. Dann die Dekomaterialien nach und nach aufkleben, bis ein hübsches Gebinde entstanden ist. Sichtbare Klebestellen mit größeren Blüten abdecken.

TIP Kaufen Sie die Materialien in aufeinander abgestimmten Farben. Besonders fein wirken Kompositionen Ton-in-Ton. Setzen Sie Kontraste durch ausgefallene Materialien.

Kordelengel in Blau-Silber

Material und Werkzeug

1 Styroporkegel (Höhe 12,5 cm), 2,85 m weiße, glänzende Kordel (Dicke ca. 0,5 cm), 1 weißer Pfeifenputzer, etwas Brokatborte für Ärmelbesatz und Passe, weißes Engelshaar, etwas Perlenschnur als Kopfputz, 10 x 5 cm selbstklebende Silberfolie oder 5 x 5 cm zweiseitige Silberfolie, kleine Silberblätter für die Flügel oder Silberfolie oder gekaufte Flügel, 1 Holzperle (Durchmesser 3 cm) mit Loch, 2-3 Zahnstocher, Schere, Klebepistole, Filzstifte.

Anleitung

1. Den Anfang der Kordel am unteren Kegelrand gut festkleben, dann den Kegel spiralenförmig bis zur Spitze mit der Kordel bekleben. Einen Zahnstocher in die Holzkugel kleben, dann in die Kegelspitze.
2. Von der Schemazeichnung den Schnitt für die Ärmel abnehmen, auf Stoff übertragen und zuschneiden. Die Brokatborte als Ärmelbesatz ankleben. Den Pfeifenputzer auf 9 cm Länge abschneiden und längs in die Mitte der Ärmel kleben. Die Ärmel über dem Pfeifenputzer zusammenlegen und am unteren Rand zusammenkleben. Die Ärmel am Rücken des Engels befestigen und etwas nach vorn biegen. Ein Stück Brokatborte als Passe ankleben.
3. Das Engelshaar auf die Holzkugel kleben. Zwei Folienkreise ausschneiden und zusammenkleben oder zweiseitige Folie verwenden. Den Folienkreis als Heiligenschein am Kopf festkleben. Blätter oder gekaufte Flügel am Rücken festkleben oder Flügel aus Folie herstellen. Mit den Filzstiften das Gesicht zeichnen.

Sternenstab in Blau-Silber

Material und Werkzeug

1 Rundholzstab von 35 cm Länge (Dicke ca.0,5 cm), 1,20 m langes und 1,5 cm breites Schleifenband, 1.20 m langes und 1,5 cm breites Moiréband (darauf achten, daß man es gut spalten kann, dafür gibt es ein spezielles Messerchen), Draht mit Sternen, Basteldraht, silberne Farbe, Klebepistole.

Anleitung

1. Den Holzstab mit silberner Farbe anmalen. Das schmale Band zu zwei oder drei großzügigen Schleifen legen, mit Draht abbinden, die Drahtenden kurz abschneiden.
2. Das Moiréband in 6 gleich lange Stücke schneiden, mit dem Splizzer spalten, zu Schlaufen legen, mit Draht verbinden.
3. Alle Bündel um das Stabende kleben. Den Sternendraht an den Klebestellen befestigen. Die Klebestellen mit den Schleifen abdecken.

Weihnachtsgrüße in letzter Minute

Weihnachtskarten und Geschenkanhänger lassen sich ganz einfach und schnell selbst herstellen – Sie brauchen nur ein bißchen Phantasie.

TIP Kaufen Sie einfache Briefkarten in verschiedenen Farben und Formaten oder Tonpapier in unterschiedlichen Farben und Stärken. Sammeln Sie selbstklebende Motive, schneiden Sie aus Illustrierten oder aus Geschenkpapierresten passende Motive aus. Hübsch sind auch nostalgische Oblaten, die Sie einfach auf die Briefkarten aufkleben. Die Bilder zeigen, wie vielfältig die Möglichkeiten sind.
Schneiden Sie die Karten auf die passende Größe, lassen Sie die Karten wie sie sind oder falten Sie sie in der Mitte. Für Geschenkanhänger stanzen Sie oben links mit dem Locher ein Loch ein. Durch dieses Loch ziehen Sie ein Band oder eine feine Kordel in einer passenden Farbe.
Auch Tischkärtchen lassen sich auf diese Weise herstellen.

Faltkarte Tannenbaum

Material und Werkzeug

Farbiges, starkes Tonpapier, Fotokarton oder Briefkarten, Glimmer aus der Tube, Bleistift, Cutfeder, Radiergummi.

Anleitung

1. Auf der Rückseite der Karte mit dem Bleistift den Bug einzeichnen – die Einkerbung soll auf der Vorderseite nicht zu sehen sein. Auf der Vorderseite den Tannenbaum aufzeichnen, und zwar so, daß er halb auf der oberen und halb auf der unteren Hälfte der Karte plaziert ist.
2. Die Hälfte des Tannenbaums, die sich oberhalb des Bugs befindet, mit der Cutfeder sauber ausschneiden. Die Bleistiftlinien ausradieren. Die Karte auf der Hälfte falten. Den Tannenbaum mit Glitter verzieren. Auf die untere Hälfte der Karte einige Sternchen kleben... *Foto unten.*

Weihnachtskarten-Graffiti

Material und Werkzeug

Briefkarten, Farbspray, dünner Karton, Stecknadeln.

Anleitung

Den Arbeitsplatz gut mit Zeitungspapier abdecken. Das Motiv (Stern, Engel, Tannenbaum, Kerze, Mond, siehe auch Seite 42, 44) auf den Karton aufzeichnen und ausschneiden. Mit einer Stecknadel auf die Karte heften und das Farbspray aus ca. 50 cm Entfernung kurz aufsprühen. Trocknen lassen.

Goldkarte mit Falttannenbaum

Material und Werzeug

Tonpapier in zwei Grüntönen, Goldspray, silberne und goldene selbstklebende Sterne, dünne Goldkordel, 1 weiße Briefkarte zum Aufklappen, Klebstoff, Schere, Nähmaschine.

Anleitung

1. Die Briefkarte auf der Vorderseite mit dem Goldspray besprühen. Die Farbe gut trocknen lassen. Dann die Vorderseite mit einigen selbstklebenden, silbernen Sternchen bekleben.
2. Den Tannenbaum von der Schemazeichnung abnehmen, ausschneiden und die Umrisse auf das dünne Tonpapier übertragen. Drei Tannenbäume – einen in Hellgrün und zwei in Dunkelgrün – mit einer scharfen Schere sauber ausschneiden.
3. Die Tannenbäume aufeinanderlegen, längs zusammmentalten und den Bug glattstreichen. Wieder auffalten und mit der Nähmaschine einmal entlang des Bugs steppen.
4. Die drei zusammmengenähten Tannenbäume mit dem Bug genau in den Falz der Karte kleben. Den untersten Baum an den Karteninnenseiten festkleben.
5. Von einer feinen Goldkordel sechs 50 cm lange Stücke abschneiden. Die Goldkordel in den Falz der Karte legen, die einzelnen Baumteile durch eine Goldkordel trennen, damit sich der Baum beim Aufklappen der Karte schön öffnet. Die Kordelenden unten zusammenfassen und verknoten. Die Enden gleichmäßig abschneiden. *Foto links.*

Weihnachtskarten mit Collage

Material und Werkzeug

Briefbogen, Faltkarte oder einfache Briefkarte, Gold- oder Tonpapier, Borten in verschiedenen Breiten, Islandmoos, Bleistift, Schere, Klebstoff.

Anleitung

1. Den Briefbogen, die Falt- oder Briefkarte hochkant hinlegen. Von der Borte etwa 5-6 cm abschneiden, oben leicht schräg schneiden, auf die untere Kante des Briefpapiers kleben. Etwas Islandmoos am unteren Rand der Borte befestigen, er soll gerade bedeckt sein.

2. Mit Bleistift eine Kerzenflamme auf die Goldfolie oder das Tonpapier zeichnen, ausschneiden und oben an die Bortenkerze kleben.

Traditioneller Weihnachtsschinken

Weihnachtsschinken

2 kg Westfälischer Schinken
1 Bund Suppengrün
1 Lorbeerblatt
einige Pimentkörner
$^1/_4$ l Madeira
$^1/_4$ l Rotwein
etwas Zucker
1 EL Speisestärke
Gemüse nach Belieben
1-2 EL gehackte Petersilie

1. Den Schinken am Vorabend in reichlich Wasser legen. Das Wasser am nächsten Tag abgießen, den Schinken mit frischem Wasser, dem Suppengrün, Lorbeerblatt und Piment aufsetzen und bei niedriger Hitze langsam garziehen lassen. Nach ca. 2 bis 3 Stunden vom Herd nehmen. Den Schinken herausnehmen und erkalten lassen.
2. Die obere Schwarte entfernen. Den Schinken auf der anderen Seite rautenförmig einritzen. Die abgeschnittene Schwarte mit der Fettseite nach unten in eine längliche Bratform legen, den Schinken mit der beschnittenen Seite nach oben darauf setzen.
3. Madeira und Rotwein angießen und den Schinken oben leicht mit Zucker bestreuen. Zugedeckt im Backofen bei ca. 200-220°C $1^1/_2$ bis 2 Stunden garen. Zum Schluß den Deckel entfernen und den Schinken Farbe nehmen lassen.
4. Zuvor den Fond abgießen, erkalten lassen und entfetten. Nach Belieben würzen und mit etwas Speisestärke binden.
Sauce getrennt zum Schinken reichen.
5. Dazu passen verschiedene Gemüse wie grüne Bohnen, Brokkoli, Möhren und Kartoffeln. Die Gemüse waschen und putzen, kleinschneiden und in wenig Salzwasser dünsten. Wenn das Gemüse gar ist, das verbliebene Kochwasser abgießen und das Gemüse in wenig Butter schwenken und mit gehackter Petersilie bestreuen.
Foto links.

Kartoffelgratin

Für 4-6 Personen

1 kg gleich große Kartoffeln
Salz
Pfeffer aus der Mühle
Muskatnuß
2 Knoblauchzehen
50 g geriebener Greyerzer Käse
60 g Butter
0,2 l Milch
125 g Sahne
Butter für die Form

1. Die Kartoffeln schälen, waschen, abtrocknen und in dünne Scheiben schneiden.
2. Eine flache Gratinform mit Butter ausstreichen, die Hälfte der Kartoffelscheiben hineinlegen. Salzen, pfeffern und den durchgepreßten Knoblauch darüber verteilen. Mit der Hälfte des Käses bestreuen. Die Hälfte der Butter in Flöckchen darüber geben. Mit den restlichen Kartoffeln bedecken, würzen.
3. Die Milch mit der Sahne verrühren, mit Salz, Pfeffer und Muskatnuß würzen und über die Kartoffeln gießen. Zugedeckt im Backofen bei 180°C auf der mittleren Schiene backen.
4. Nach 50 Minuten das Gratin mit der zweiten Hälfte des Käses bestreuen, die restliche Butter in Flöckchen darüber verteilen. Das Gratin ca. 20 Minuten im Backofen auf der mittleren Schiene bei 220°C überbacken. Mit einer Gabel prüfen, ob die Kartoffeln gar sind. In der Form servieren. *Kleines Foto links.*

Mousse au chocolat

Für 4 Personen

200 g Blockschokolade oder bittere Schokolade
etwas abgeriebene Schale von 1 unbehandelten Orange
5 Eiweiß
1 Prise Salz
30 g Zucker
250 g Sahne
kandierte Veilchen

1. Die Mousse am Tag vorher zubereiten. Die Schokolade mit einem Messer in Stückchen zerteilen. In einer Schüssel mit der Orangenschale mischen und im heißen Wasserbad zum Schmelzen bringen.
2. Die Eiweiße mit einer Prise Salz steif schlagen und den Zucker hinzufügen. Erneut schlagen, bis sich steife Spitzen bilden lassen.
3. In einem zweiten Gefäß die Sahne ebenfalls sehr steif schlagen. Sahne und Eischnee vermischen. Die etwas abgekühlte, aber noch flüssige Schokolade darunterziehen. Die Mousse in 4 Portionsförmchen oder in eine große Glasschüssel geben und über Nacht in den Kühlschrank stellen.
Vor dem Serviern mit kandierten Veilchen garnieren. *Foto unten.*

Der Heilige Abend

Weihnachtslied

Dies ist der Tag, den Gott gemacht;
Sein werd in aller Welt gedacht!
Ihn preise, was durch Jesum Christ
Im Himmel und auf Erden ist!

Die Völker haben dein geharrt,
Bis daß die Zeit erfüllet ward;
Da sandte Gott von seinem Thron
Das Heil der Welt, dich, seinen Sohn.

Wenn ich dies Wunder fassen will,
so steht mein Geist vor Ehrfurcht still;
Er betet an, und er ermißt,
Daß Gottes Lieb unendlich ist.

Damit der Sünder Gnad erhält,
Erniedrigst du dich, Herr der Welt,
Nimmst selbst an unsrer Menschheit teil,
Erscheinst im Fleisch und wirst uns Heil.

Herr, der du Mensch geboren wirst,
Immanuel und Friedefürst,
Auf den die Väter hoffend sahn,
dich, Gott Messias, bet ich an.

Jauchzt, Himmel, die ihr ihn erfuhrt,
Den Tag der heiligsten Geburt;
Und Erde, die ihn heute sieht,
sing ihm, dem Herrn, ein neues Lied!

Dies ist der Tag, den Gott gemacht;
Sein werd in aller Welt gedacht!
Ihn preise, was durch Jesum Christ
Im Himmel und auf Erden ist.

Christian Fürchtegott Gellert

Die Flucht nach Ägypten

Selma Lagerlöf

Fern in einer der Wüsten des Morgenlandes wuchs vor vielen, vielen Jahren eine Palme, die ungeheuer alt und ungeheuer hoch war. Alle, die durch die Wüste zogen, mußten stehen bleiben und sie betrachten; denn sie war viel größer als andere Palmen, und man pflegte von ihr zu sagen, daß sie sicherlich höher werden würde als Obeliske und Pyramiden.

Wie nun diese große Palme in ihrer Einsamkeit dastand und hinaus über die Wüste schaute, sah sie eines Tages etwas, was sie dazu brachte, ihre gewaltige Blätterkrone vor Staunen auf dem schmalen Stamme hin- und herzuwiegen. Dort am Wüstenrande kamen zwei einsame Menschen herangewandert. Sie waren noch in der Entfernung, in der Kamele so klein wie Ameisen erscheinen; aber es waren sicherlich zwei Menschen. Zwei, die Fremdlinge in der Wüste waren; denn die Palme kannte das Wüstenvolk; ein Mann und ein Weib, die weder Wegweiser noch Lasttiere hatten, weder Zelte noch Wassersäcke.

„Wahrlich", sagte die Palme zu sich selbst, „diese beiden sind hergekommen, um zu sterben."

Die Palme warf rasche Blicke um sich.

„Es wundert mich", fuhr sie fort, „daß die Löwen nicht schon zur Stelle sind, um diese Beute zu erjagen. Aber ich sehe keinen einzigen in Bewegung. Auch keinen Räuber der Wüste sehe ich. Aber sie kommen wohl noch."

„Ihrer harret ein siebenfältiger Tod", dachte die Palme weiter. „Die Löwen werden sie verschlingen, die Schlangen sie stechen, der Durst sie vertrocknen, der Sandsturm sie begraben, die Räuber werden sie fällen, der Sonnenstich wird sie verbrennen, die Furcht sie vernichten." Und sie versuchte, an etwas anderes zu denken. Dieser Menschen Schicksal stimmte sie wehmütig.

Aber im ganzen Umkreis der Wüste, die unter der Palme ausgebreitet lag, fand sie nichts, was sie nicht schon seit Tausenden von Jahren gekannt und betrachtet hätte. Nichts konnte ihre Aufmerksamkeit fesseln. Sie mußte wieder an die beiden Wanderer denken.

„Bei der Dürre und dem Sturme!" sagte sie, des Lebens gefährlichste Feinde anrufend, „was ist es, was dieses Weib auf dem Arme trägt? Ich glaube gar, diese Toren führen auch ein kleines Kind mit sich." Die Palme, die weitsichtig war, wie es die Alten zu sein pflegen, sah wirklich richtig. Die Frau trug auf dem Arme ein Kind, das den Kopf an ihre Schultern gelehnt hatte und schlief.

„Das Kind ist nicht einmal hinlänglich bekleidet", fuhr die Palme fort. „Ich sehe, daß die Mutter ihren Rock aufgehoben und es damit eingehüllt hat. Sie hat es in großer Hast aus seinem Bette gerissen und ist mit ihm fortgestürzt. Jetzt verstehe ich alles: diese Menschen sind Flüchtlinge –"

„Aber dennoch sind sie Toren", fuhr die Palme fort. „Wenn nicht ein Engel sie beschützt, hätten sie lieber die Feinde ihr Schlimmstes tun lassen sollen, statt sich hinaus in die Wüste zu begeben."

„Ich kann mir denken, wie alles zugegangen ist. Der Mann stand bei der Arbeit, das Kind schlief in der Wiege, die Frau war ausgegangen, um Wasser zu holen. Als sie zwei Schritte vor die Tür gemacht hatte, sah sie die Feinde angestürmt kommen. Sie ist zurückgestürzt, sie hat das Kind an sich gerissen, dem Manne zugerufen, er solle ihr folgen, und ist aufgebrochen. Dann sind sie tagelang auf der Flucht gewesen, sie haben ganz gewiß keinen Augenblick geruht. Ja, so ist es zugegangen; aber ich sage dennoch, wenn nicht ein Engel sie beschützt –"

„Sie sind so erschrocken, daß sie weder Müdigkeit noch andere Leiden fühlen können; aber ich sehe, wie der Durst aus ihren Augen leuchtet. Ich kenne doch wohl das Gesicht eines dürstenden Menschen."

Und als die Palme an den Durst dachte, ging ein krampfhaftes Zukken durch ihren langen Stamm, und die zahllosen Spitzen ihrer langen Blätter rollten sich zusammen, als würden sie über ein Feuer gehalten. „Wäre ich ein Mensch", sagte sie, „ich würde mich nie in die Wüste hinaus wagen. Der ist gar mutig, der sich hierher wagt, ohne Wurzeln zu haben, die hinunter zu den niemals versiegenden Wasseradern drin-

gen. Hier kann es gefährlich sein, selbst für Palmen. Selbst für eine solche Palme wie mich."
„Wenn ich ihnen raten könnte, ich würde sie bitten, umzukehren. Ihre Feinde können niemals so grausam gegen sie sein wie die Wüste. Vielleicht glauben sie, daß es leicht sei, in der Wüste zu leben. Aber ich weiß, daß es selbst mir zuweilen schwer gefallen ist, am Leben zu bleiben. Ich weiß noch, wie einmal in meiner Jugend ein Sturmwind einen ganzen Berg von Sand über mich schüttete. Ich war nahe daran, zu ersticken. Wenn ich hätte sterben können, wäre dies meine letzte Stunde gewesen." Die Palme fuhr fort, laut zu denken, wie alte Einsiedler zu tun pflegen.
„Ich höre ein wunderbar melodisches Rauschen durch meine Krone eilen", sagte sie. „Die Spitzen aller meiner Blätter müssen in Schwingungen beben. Ich weiß nicht, was mich beim Anblick dieser armen Fremdlinge durchfährt. Aber dieses betrübte Weib ist schön. Sie bringt mir das Wunderbarste, das ich erlebt wieder in Erinnerung." Und während die Blätter fortfuhren, sich in einer rauschenden Melodie zu regen, dachte die Palme daran, wie einmal, vor sehr langer Zeit, zwei strahlende Menschen Gäste der Oase gewesen waren. Es war die Königin von Saba, die hierher gekommen war, mit ihr der weise Salomo. Die schöne Königin wollte wieder heimkehren in ihr Land, der König hatte sie ein Stück Weges geleitet, und nun wollten sie sich trennen. – „Zur Erinnerung an diese Stunde", sagte da die Königin, „pflanze ich einen Dattelkern in die Erde, und ich will, daß daraus eine Palme werde, die wachsen und leben soll, bis im Lande Juda ein König ersteht, der größer ist als Salomo." Und als sie dieses gesagt hatte, senkte sie den Kern in die Erde, und ihre Tränen netzten ihn. „Woher mag es kommen, daß ich just heute daran denke?" fragte die Palme. „Sollte diese Frau so schön sein, daß sie mich an die herrlichste der Königinnen erinnert, an sie, auf deren Wort ich erwachsen bin und gelebt habe bis zum heutigen Tage?"
„Ich höre meine Blätter immer stärker rauschen", sagte die Palme, „und es klingt wehmütig wie ein Totengesang. Es ist, als weissagten sie, daß jemand bald aus dem Leben scheiden müsse. Es ist gut zu wissen, daß es nicht mir gilt, da ich nicht sterben kann."
Die Palme nahm an, daß das Todesrauschen in ihren Blättern den beiden einsamen Wanderern gelten müsse. Sicherlich glaubten auch diese selbst, daß ihre letzte Stunde nahe. Man sah es an dem Ausdruck ihrer Züge, als sie an einem der Kamelskelette vorüberwanderten, die den Weg umgrenzten. Man sah es an den Blicken, die sie ein paar vorbeifliegenden Geiern nachsandten. Es konnte ja nicht anders sein. Sie waren verloren.
Sie hatten die Palme und die Oase erblickt und eilten nun darauf zu, um Wasser zu finden. Aber als sie endlich herankamen, sanken sie in Verzweiflung zusammen, denn die Quelle war ausgetrocknet. Das ermattete Weib legte das Kind nieder und setzte sich weinend an den Rand der Quelle. Der Mann warf sich neben ihr hin; er hämmerte mit beiden Fäusten auf die Erde. Die Palme hörte, wie sie miteinander sprachen davon, daß sie sterben müßten.
Sie hörte auch aus ihren Reden, daß König Herodes alle Kindlein im Alter von zwei und drei Jahren hatte töten lassen, aus Furcht, daß der große, erwartete König der Juden geboren sein könnte.
„Es rauscht immer mächtiger in meinen Blättern", dachte die Palme. „Diesen armen Flüchtlingen schlägt bald ihr letztes Stündlein."
Sie vernahm auch, daß die beiden die Wüste fürchteten. Der Mann sagte, es wäre besser gewesen, zu bleiben und mit den Kriegsknechten zu kämpfen, statt zu fliehen. Sie hätten so einen leichteren Tod gefunden.
„Gott wird uns beistehen", sagte die Frau.
„Wir sind einsam unter Raubtieren und Schlangen", sagte der Mann. „Wir haben nicht Speise und Trank. Wie sollte Gott uns beistehen können?"
Er zerriß seine Kleider vor Verzweiflung und drückte sein Gesicht auf den Boden. Er war hoffnungslos, wie ein Mann mit einer

Todeswunde im Herzen. Die Frau saß aufrecht, die Hände über den Knien gefaltet. Doch die Blicke, die sie über die Wüste warf, sprachen von einer Trostlosigkeit ohne Grenzen.

Die Palme hörte, wie das wehmütige Rauschen in ihren Blättern immer stärker wurde. Die Frau mußte es auch gehört haben; denn sie hob die Augen zur Baumkrone auf. Zugleich erhob sie unwillkürlich ihre Arme und Hände.

„O, Datteln, Datteln!" rief sie.

Es lag so große Sehnsucht in der Stimme, daß die alte Palme wünschte, sie wäre nicht höher als der Ginsterbusch und ihre Datteln so leicht erreichbar wie die Hagebutten des Dornenstrauchs. Sie wußte wohl, daß ihre Krone voll von Dattelbüschen hing; aber wie sollten wohl Menschen zu so schwindelnder Höhe hinaufreichen? Der Mann hatte schon gesehen, wie unerreichbar hoch die Datteln hingen. Er hob nicht einmal den Kopf. Er bat nur die Frau, sich nicht nach dem Unmöglichen zu sehnen.

Aber das Kind, das für sich selbst umhergetrippelt war und mit Hälmchen und Gräsern gespielt hatte, hatte den Ausruf der Mutter gehört. Der Kleine konnte sich wohl nicht denken, daß seine Mutter nicht alles bekommen könnte, was sie sich wünschte. Sowie man von Datteln sprach, begann er den Baum anzugucken. Er sann und grübelte, wie er die Datteln herunterbekommen sollte. Seine Stirn legte sich beinah in Falten unter dem hellen Gelock. Endlich huschte ein Lächeln über sein Antlitz. Er hatte das Mittel herausgefunden. Er ging auf die Palme zu und streichelte sie mit seiner kleinen Hand und sagte mit einer süßen Kinderstimme:

„Palme, beuge dich! Palme, beuge dich!"

Aber, was war das nur? Was war das? Die Palmenblätter rauschten, als wäre ein Orkan durch sie gefahren, und den langen Palmenstamm hinauf lief Schauer um Schauer. Und die Palme fühlte, daß der Kleine Macht über sie hatte. Sie konnte ihm nicht widerstehen.

Und sie beugte sich mit ihrem hohen Stamme vor dem Kinde, wie Menschen sich vor Fürsten beugen. In einem gewaltigen Bogen senkte sie sich zur Erde und kam endlich so tief hinunter, daß die Krone mit den bebenden Blättern den Wüstensand fegte.

Das Kind schien weder erschrokken noch erstaunt zu sein, sondern mit einem Freudenrufe kam es und pflückte Traube um Traube aus der Krone der alten Palme.

Als das Kind genug genommen hatte und der Baum noch immer auf der Erde lag, ging es wieder heran und liebkoste ihn und sagte mit der holdesten Stimme:
„Palme, erhebe dich! Palme, erhebe dich!"
Und der große Baum erhob sich still und ehrfürchtig auf seinem biegsamen Stamm, indes die Blätter gleich Harfen spielten.
„Jetzt weiß ich, für wen sie die Todesmelodie spielen", sagte die alte Palme zu sich selbst, als sie wieder aufrecht stand. „Nicht für einen von diesen Menschen."
Aber der Mann und das Weib lagen auf den Knien und lobten Gott.
„Du hast unsere Angst gesehen und sie von uns genommen. Du bist der Starke, der den Stamm der Palme beugt wie schwankes Rohr. Vor welchem Feinde sollten wir erbeben, wenn deine Stärke uns schützt?"
Als die nächste Karawane durch die Wüste zog, sahen die Reisenden, daß die Blätterkrone der großen Palme verwelkt war.
„Wie kann das zugehen?" sagte ein Wanderer. „Diese Palme sollte ja nicht sterben, bevor sie einen König gesehen hätte, der größer wäre als Salomo."
„Vielleicht hat sie ihn gesehen", antwortete ein anderer von den Wüstenfahrern.

Last-Minute-Bäume

Keine Zeit für selbstgebastelten Christbaumschmuck: der Beruf, die Familie. Diese Argumente zählen nicht mehr, denn die hier vorgestellten Bäume können Sie auch am 24. Dezember noch schmücken.

Weihnachtsbaum mit Ausstechförmchen

Material und Werkzeug

Reichlich goldenes Lametta, goldene Backförmchen, dünne Goldkordel oder goldenes Schleifenband, goldene Kerzenhalter, goldene oder bienenwachsfarbene Kerzen.

Anleitung

1. Die Backförmchen mit der Goldkordel oder dem Schleifenband am Baum mit einer dekorativen Schleife befestigen. Das Lametta und die Kerzen gleichmäßig im Baum verteilen.

2. Wenn Ihnen das zu karg ist, nehmen Sie zusätzlich kleine goldene Kugeln und dicke goldene Perlenketten. Auch die Päckchen von Seite 127 sehen hübsch dazu aus. *Foto oben.*

Baum mit Schleierkraut und Seidenrosen

Material und Werkzeug

Reichlich frisches weißes Schleierkraut, rosa Seidenrosen (Blütendurchmesser 4-6 cm), goldener Basteldraht, rosa oder weiße Kerzen, goldene Kerzenhalter, Seitenschneider, Schere.

Anleitung

1. Aus dem Schleierkraut viele kleine Sträuße binden, mit Basteldraht zusammenbinden, die Drahtenden gegeneinander verdrehen und abschneiden. Die Rosenstiele auf 8 cm zurückschneiden.
2. Über den Baum die Rosenblüten und die Schleierkraut-Sträußchen gleichmäßig verteilen. Mit Basteldraht an den Zweigen befestigen. Dazwischen die Kerzenhalter mit den rosa oder weißen Kerzen anbringen.

Weihnachtsbaum mit Schleifen, Päckchen und Kerzen

Material und Werkzeug

Reichlich ca. 2 cm breites, rotes Taftband in zwei unterschiedlichen Tönen, Basteldraht, verschieden große Schachteln von der Streichholzschachtel bis zur Seifenschachtel, rotes Geschenkpapier (besonders schön ist Glanzfolie), rotes oder goldenes Ringelband, rote Kerzen und Kerzenhalter (für die Kerzen und für die Schleifen), Klebepistole, Schere.

Anleitung

1. Die kleinen Schachteln sorgfältig verpacken, mit dem Ringelband verschnüren, den Aufhänger gleich mit einknüpfen. 3 verschieden lange Stücke Ringelband unter der Abbindestelle durchziehen, verknoten und über dem Blatt einer Schere nur leicht kräuseln.

2. Für die Schleifen vom einen Band ein 30 cm langes Stück, vom anderen Band ein 40 cm langes Stück abschneiden. Die beiden Bänder einzeln zu einer einfachen Schleife legen. Mit Draht abbinden. Vom Kerzenhalter die Halterung für die Kerze aufbiegen, erst die größere und dann die kleinere Schleife einkleben.

Weihnachten in anderen Ländern

Eine zentrale Rolle bei den verschiedensten Weihnachtsbräuchen auf der ganzen Welt kommt dem Tannenbaum zu: Er ist immergrünes Symbol für das Leben und die Treue Jesus Christus. Aber auch für Frieden und die glückliche Einheit der Familie.
Bevor der Weihnachtsbaum Verbreitung fand, war es in weiten Teilen Europas üblich, ein besonders großes Holzscheit Weihnachten zu weihen. Mit der geweihten Asche wurden dann Mensch, Vieh und Besitztum gesegnet. Das ganze hatte aber auch einen praktischen Grund: Das Scheit wurde ins Feuer gelegt, wenn die Familie zur Christmette ging, denn die Glut sollte nicht ausgehen.
Schon in vorchristlicher Zeit kam dem Tannenbaum eine symbolische Bedeutung zu. Er war immergrün und damit Sinnbild für ewig währendes Leben.
Bevor der Weihnachtsbaum im 18. Jahrhundert Einzug in die Wohnstuben hielt und Weihnachten zum Fest der Familie wurde, hatte er andere Funktion. Als Wintermaien war er schon in vorreformatorischer Zeit ein Symbol für Fruchtbarkeit und Wachstum. Deshalb wurde er auch mit Fruchtbarkeitssymbolen wie ausgeblasenen Eiern geschmückt. Der Wintermaien wurde durchs Dorf getragen und aufgestellt, die Dorfbewohner tanzten um ihn herum. Dieser Wintermaien war noch ohne Kerzen. Sie wurden erstmals im 18. Jahrhundert erwähnt. Der Brauch, um den Weihnachtsbaum zu tanzen, hat sich bis heute in Skandinavien erhalten. Bei uns erinnert daran nur noch entfernt der Tanz um den Maibaum.
Die Weihnachtsgeschenke, die sich unter dem geschmückten Baum oder auf einem Gabentisch befinden, sollten ursprünglich an die Gaben der drei Könige erinnern. Die Kerzen, die den Baum erleuchten, sollen den Menschen Segen bringen und ihre Gebete nach oben tragen.
Die traditionellen Weihnachtsfarben Rot und Grün stehen für das Blut Jesus Christus und seine Treue zu den Menschen.
Äpfel und Nüsse schenkten sich die Bauern früher untereinander. Sie sollten Segen und Glück bringen und ein Jahr ohne Mangel bescheren.

Skandinavien: Jul

In den skandinavischen Ländern finden sich neben den relativ jungen Weihnachtstraditionen mit Christbaum und Weihnachtsmann auch bäuerliche Traditionen.
Die Verwendung von Stroh und Ähren in der Weihnachtszeit macht deutlich, daß es sich in dieser Tradition eher um den Abschluß eines bäuerlichen Jahres, um ein Ernte- und Schlachtfest handelte. Das Julstroh wurde gemeinsam eingebracht und auf dem Boden der Stube verteilt. Das Weihnachtsevangelium wurde vorgetragen, Lieder gesungen, gemeinsam im Stroh übernachtet und am nächsten Morgen auch darin gefrühstückt. Am ersten Weihnachtstag zogen Kinder von Haus zu Haus, um God Jul zu wünschen. Am zweiten Weihnachtstag ging der sogenannte Julbock um, in Fell gekleidet oder mit Stroh umhüllt. Als Miniaturausgabe aus Stroh gefertigt gibt es den Julbock noch heute.
Aus Skandinavien stammt auch der Brauch des Julklapp. Man wirft ein in viele Hüllen verpacktes Geschenk in den Raum, indem man Julklapp, Julklapp! ruft. Wichtig ist nicht der materielle Wert des Geschenks. Es kann auch nur ein Vers oder eine andere Kleinigkeit sein, die jedoch immer, in positiver wie in negativer Hinsicht, besonders auf die Person des Beschenkten eingeht.

Südost- und Osteuropa

In den Ländern der orthodoxen Kirche wird die Weihnachtszeit mit einer Fastenzeit eingeleitet. Vor Beginn der Fastenzeit gibt es deshalb nochmals ein üppiges Festmahl am 13. November. Besondere Bedeutung für die Länder, die direkt am Meer liegen und deren Haupteinnahmequelle die Fischerei ist, hat der 6. Dezember, das Fest des heiligen Nikolaus, Schutzpatron der Fischer und Seefahrer. Vor allem in Serbien, Griechenland und Rußland wird der Heilige hochverehrt.
Verbreitet ist das Backen von Kultbroten, die häufig aus den zuletzt geernteten Ähren des Jahres gebacken werden. Sie werden am Heiligen Abend verzehrt. Manchmal werden Goldmünzen eingebacken: Wer sie findet, kann im kommenden Jahr mit viel Glück rechnen.

Italien, Frankreich, Spanien

Das Weihnachtsfest beginnt in Italien sechs Tage vor Heiligabend und endet am 6.Januar. Zentrale Bedeutung hat hier nicht der Weihnachtsbaum sondern die Krippe, die in keiner christlichen Familie fehlen darf. Auch hier gehört das Fasten zum Fest. Es beginnt 24 Stunden vor Heiligabend.
Bescherung ist am 6. Januar, dem Tag der Heiligen Drei Könige, die ihre Gaben zur Krippe brachten.
Auch in Spanien und Portugal ist dieser Tag wichtiger als der Heilige Abend, an dem sich die Familie zwar trifft, um gemeinsam zu essen und zur Kirche zu gehen, an dem aber keine Bescherung stattfindet.
In Frankreich brachte Saint Nicolas seine Gaben am 6. Dezember, heute bringt sie Père Noël in der Nacht von 24. auf den 25. Dezember. Er kommt durch den Schornstein und legt seine Gaben in die bereitgestellten Schuhe.

Niederlande

In den Niederlanden bringt Sinterklaas seine großzügigen Gaben am 6. Dezember.
Die Kinder stellen ihre Schuhe mit einem Wunschzettel einige Tage vor dem 6. Dezember auf den Kamin. Daneben stehen Wasser und eine Mohrübe oder Heu für das Pferd von Sinterklaas. Am nächsten Tag finden sie dort kleine Schokoladen-Nikoläuse und Lebkuchen. Am 5. Dezember wird ein großer Sack vor die Tür gelegt. Am nächsten Tag enthält er die Geschenke für die ganze Familie.

England und Irland

In England wird vor allem der erste Weihnachtstag begangen. Am Weihnachtsabend hängen die Kinder ihre Strümpfe in den Kamin, durch den der Weihnachtsmann seine Gaben wirft.

In Irland werden am Weihnachtsabend Kerzen in die Fenster gestellt als Einladung für alle Obdachlosen und Hungrigen, die wie Maria und Josef an diesem Abend umherirren.

Amerika

In den USA mischten sich die Traditionen der Länder aus denen die jeweiligen Einwanderer stammten. Überall findet man heute den Weihnachtsmann, der seine Gaben am Weihnachtsmorgen verteilt.

Stille Nacht, heilige Nacht

Stille Nacht, heilige Nacht,
Hirten erst kund gemacht!
Durch der Engel Halleluja
Tönt es laut von fern und nah:
Christ, der Retter ist da!
Christ, der Retter ist da!

Stille Nacht, heilige Nacht!
Gottes Sohn, o wie lacht
Lieb' aus deinem göttlichen Mund,
Da uns schlägt die rettende Stund,
Christ, in deiner Geburt!
Christ, in deiner Geburt!

Das berühmteste Weihnachtslied der Welt. Es entstand am 24. Dezember 1818 nahe von Salzburg: Der Hilfspriester und spätere Vikar Joseph Mohr (1792-1848) dichtete am Vormittag des Heiligen Abends in Oberndorf die Verse von der „Stillen Nacht" und zeigte den Text seinem Freund, dem im benachbarten Arnsdorf bei Laufen lebenden Lehrer Franz Gruber (1787-1863), der die Melodie komponierte. Das Lied wurde wenige Stunden später, während der Mitternachtsmette, mit den Mitgliedern einer bäuerlichen Sängergruppe in der Oberndorfer Kirche uraufgeführt, und zwar mit Gitarrenbegleitung, da die Orgel nicht funktionierte.

O du fröhliche

1. O du fröhliche, o du selige,
Gnadenbringende Weihnachtszeit!
Welt ging verloren,
Christ ist geboren:
Freue, freue dich, o Christenheit!

2. O du fröhliche, o du selige,
Gnadenbringende Weihnachtszeit!
Christ ist erschienen,
Uns zu versöhnen,
Freue, freue dich, o Christenheit!

3. O du fröhliche, o du selige,
Gnadenbringende Weihnachtszeit!
Himmlische Heere
Jauchzen dir Ehre:
Freue, freue dich, o Christenheit!

Es handelt sich hier ursprünglich um ein sizilianisches Fischerlied, dessen Melodie Johann Gottfried Herder 1788 von einer Italienreise nach Deutschland brachte. Mit dem Text des Weimarer Privatgelehrten Johannes Daniel Falk wurde es eines der beliebtesten deutschen Weihnachtslieder.

Am Weihnachtsbaum die Lichter brennen

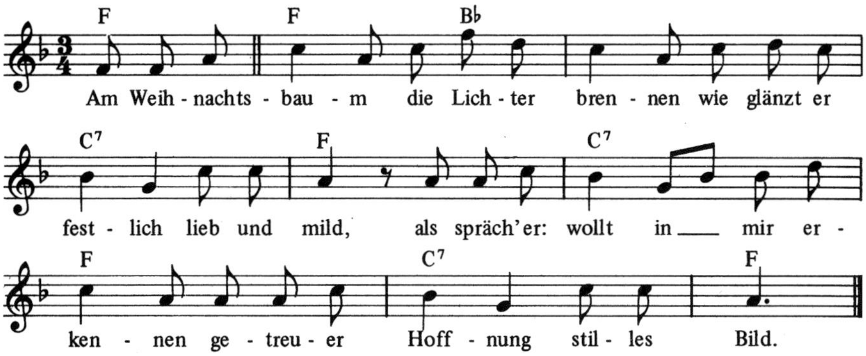

Die Kinder stehn mit hellen Blicken,
Das Auge lacht, es lacht das Herz;
O fröhlich – seliges Entzücken!
Die Alten schauen himmelwärts.

Zwei Engel sind hereingetreten,
Kein Auge hat sie kommen sehn;
Sie gehn zum Weihnachtstisch und beten
Und wenden wieder sich und gehn.

Kein Ohr hat ihren Spruch vernommen;
Unsichtbar jedes Menschen Blick
Sind sie gegangen wie gekommen;
Doch Gottes Segen blieb zurück!

Text: Hermann Kletke
Melodie: Volksweise

O Tannenbaum

Eines der bekanntesten Weihnachtslieder der Welt, im Jahre 1824 von dem Leipziger Musiklehrer und Organist Ernst Anschütz zu einer alten Volksweise gedichtet.

1. O Tannenbaum, o Tannenbaum,
wie grün sind deine Blätter!
Du grünst nicht nur zur Sommerzeit,
nein auch im Winter, wenn es schneit!
O Tannenbaum, o Tannenbaum,
wie grün sind deine Blätter.

2. O Tannenbaum, o Tannenbaum!
Du kannst mir sehr gefallen!
Wie oft hat nicht zur Weihnachtszeit
Ein Baum von dir mich hoch erfreut!
O Tannenbaum, o Tannenbaum,
Du kannst mir sehr gefallen!

3. O Tannenbaum, o Tannenbaum!
Dein Kleid will mich was lehren:
Die Hoffnung und Beständigkeit
Gibt Trost und Kraft zu jeder Zeit.
O Tannenbaum, o Tannenbaum!
Das soll dein Kleid mich lehren.

Weihnachtliche Tischdekoration

Zu einem festlich gedeckten Tisch und einem liebevoll zubereiteten Menü gehört auch die passende Tischdekoration.

Rote und grüne Platzdeckchen

Material und Werkzeug

45 x 35 cm rotes oder grünes Fahnentuch oder Gminderleinen, rote oder grüne Spitze für den Rand, Textilfarbe, dünner Karton, Pinsel, Nähmaschine.

Anleitung

1. Den Stoff vor der Verarbeitung waschen. Das Deckchen versäubern, einen schmalen Saum nach rechts einschlagen und festheften, die Spitze von rechts aufnähen.

2. Die Schemazeichnung abpausen und auf den Karton übertragen. Das Motiv herausschneiden. Den Karton mit Stecknadeln auf dem Deckchen befestigen.
3. Die Textilfarbe mit dem Pinsel auftragen, dabei immer von der Schablone zum Stoff streichen, nicht umgekehrt. Die Farbe gut antrocknen lassen, das Deckchen von rechts und links bügeln - damit wird gleichzeitig die Farbe fixiert. *Foto oben.*

Trauben

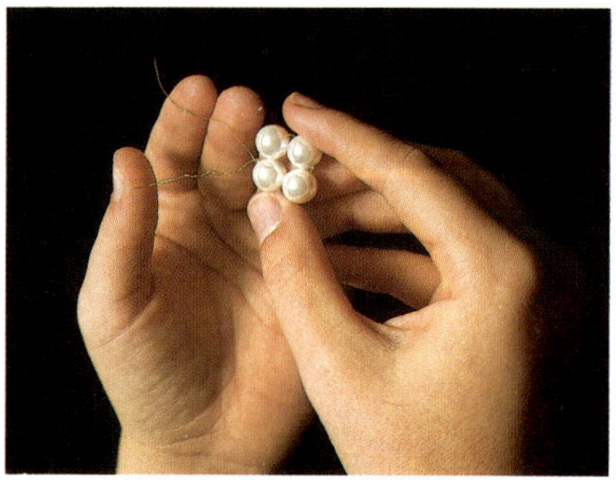

Material und Werkzeug

18 weiße Wachsperlen (Durchmesser 0,8 cm) mit Loch, 3 größere goldene Blätter, grobzackiger, goldener Bouillondraht, goldener Basteldraht, 50 cm langes und 1 cm breites Taft- oder Goldband, Klebepistole, Schere.

Anleitung

1. 4 Perlen auf den Basteldraht auffädeln und zum Kreis schließen, Drahtenden auf etwa 10 cm Länge abschneiden, gegeneinander verdrehen. *Foto links oben.*
2. Auf ein Drahtende eine Perle fädeln, die Perle in den Kreis legen, Draht um den Mitteldraht schlingen, auf der anderen Seite wieder herausführen.
3. Wieder eine Perle auffädeln und von der anderen Seite in den Kreis legen, den Draht fixieren und die Drahtenden wieder gegeneinander verdrehen. *Foto links Mitte.*
4. Diese Perlenkugel mit gespanntem Bouillondraht umwickeln. Die beiden nächsten Kugeln ebenso arbeiten.
5. Die drei Perlenkugeln so zusammenlegen, daß sie wie eine Traube aussehen. Die drei Blätter fächerförmig anordnen und die Traube darauf mit Basteldraht festbinden. Die Stiele auf 2 cm abschneiden. *Foto links unten.*
6. Aus dem Band eine großzügige Schleife legen, mit Draht abbinden und auf die Bindestelle kleben.

Serviettenhalter

Material und Werkzeug

39 gleich große Perlen (Durchmesser 0,5 oder 0,8 cm) mit Loch, goldener Basteldraht, Schere.

Anleitung

1. Von dem Basteldraht etwa 40 cm abschneiden und 12 Perlen auf ca. 40 cm Draht auffädeln, den Draht zum Kreis schließen, die Drahtenden mehrmals gegeneinander verdrehen. Ein Ende ca. 30 cm lang stehenlassen. *Foto ganz oben.*

2. Die Zacken wie folgt arbeiten: 3 Perlen auffädeln, den Draht nach der ersten Perle um den Mitteldraht schlingen. So insgesamt vier Zacken arbeiten. Den Draht um den Mitteldraht schlingen und durch zwei oder drei Perlen führen, abschneiden. *Foto oben.*

Schnell gekocht am Heiligen Abend

Waldorfsalat

Für 4 Personen

100 g Walnußkerne
3 säuerliche Äpfel (350 g)
2 junge Sellerieknollen (250 g)
Saft von 1 Zitrone
80 g Mayonnaise
Salz
weißer Pfeffer
1 Prise Zucker
4 EL Sahne (60 g)
Zum Garnieren:
8 Salatblätter

1. Die Walnußkerne (8 zum Garnieren beiseite legen) hacken. Die Äpfel schälen, vierteln, entkernen. Die Sellerieknollen schälen, waschen und abtropfen lassen. Äpfel und Sellerieknollen in sehr feine Stifte (knapp 2 cm lang) schneiden oder grob raspeln. Mit Nüssen und Zitronensaft in einer Schüssel mischen.
2. Die Mayonnaise in einer anderen Schüssel mit Salz, Pfeffer und Zucker würzen und glattrühren. Die Sahne in einer Schüssel steifschlagen. Unter die Mayonnaise heben. Dann in den Salat mischen. Zugedeckt im Kühlschrank 20 Minuten ziehen lassen. Noch einmal abschmecken.
3. Die Salatblätter abbrausen, trockentupfen. Je zwei Blätter auf Salatteller legen, darauf den Waldorfsalat anrichten.

TIP Ganz besonders dekorativ serviert man Waldorfsalat in ausgehöhlten, mürben Äpfeln, die auf marinierten Salatblättern angerichtet und mit gehackten Walnüssen garniert werden.

Pasteten mit Ragout fin

Für 6 Personen

300 g Kalbfleisch oder
1 kleine Kalbszunge
300 g Hähnchenbrustfilet
1/4 l Weißwein
1/2 Bund Suppengrün
Salz
1 Stück unbehandelte Zitronenschale
1/2 Lorbeerblatt
3 weiße Pfefferkörner
100 g Champignons
1 TL Zitronensaft
1 EL Butter
4 EL Crème double
2 Eigelb
weißer Pfeffer aus der Mühle
frischgeriebene Muskatnuß
6 Blätterteigpasteten (fertig gekauft)
Worcestershiresauce

1. Das Kalbfleisch oder die geputzte Kalbszunge und das Hähnchenbrustfilet mit 1/2 l Wasser, dem Wein, dem Suppengrün, Salz und den Gewürzen 1 Stunde köcheln lassen.
2. Inzwischen die Champignons putzen, in Streifen schneiden und mit Zitronensaft beträufeln. In der Butter 5 Minuten durchschwenken. Leicht salzen.

3. Das Kalbfleisch oder die Kalbszunge und das Hähnchenbrustfilet aus der Brühe nehmen und in ca. 2 x 2 cm große Würfel schneiden.
4. Die Kalbsbrühe in einem Topf offen auf knapp $^1/_4$ l Flüssigkeit einkochen lassen und durch ein Sieb zurück in einen Topf gießen. Die Crème double hinzufügen und die Sauce erneut etwas einkochen lassen. Das gewürfelte Fleisch und die Champignons in die Sauce geben und kurz aufkochen lassen.
5. Die beiden Eigelbe mit etwas Sauce verrühren und das Ragout damit legieren. Nicht mehr kochen lassen. Mit Salz, Pfeffer und Muskat abschmecken.
6. Die Blätterteigpasteten vor dem Servieren im Backofen erwärmen und dann mit dem Ragout füllen. Das Ragout darf dabei ruhig auf der einen Seite über den Rand hinwegfließen. Heiß auftragen und Worcestershiresauce dazu reichen. *Foto oben.*

TIP Noch feiner wird das Ragout, wenn man anstelle der Champignons getrocknete, in Stücke geschnittene Morcheln verwendet; und festlich sieht es aus, wenn es in einer großen Blätterteigpastete mit Deckel aufgetragen wird.

Italienischer Salat

Für 4 Personen

2 Möhren
2 weiße Rübchen
200 g grüne Bohnen
150 g Sellerieknolle
150 g Erbsen (TK-Produkt)
100 g Salami
3 große Tomaten
Marinade:
100 g Mayonnaise
3 EL Sahne
Saft von $^1/_2$ Zitrone
Salz
weißer Pfeffer
1 Prise Zucker
Garnierung:
5 schwarze, entsteinte Oliven
1 kleine Dose Sardellenringe

1. Die Kartoffeln, die Möhren und die weißen Rübchen waschen, schälen und in kleine Würfel schneiden. Die grünen Bohnen waschen, putzen und in ca. 2 cm große Stücke schneiden. Die Erbsen in einem Sieb auftauen lassen. Das Gemüse in kochendem Wasser etwa 4-5 Minuten blanchieren. Es sollte eben bißfest sein. Die Kochflüssigkeit abgießen und das Gemüse in einem Sieb abtropfen lassen.
2. Die Tomaten kreuzweise einschneiden, mit heißem Wasser überbrühen, kurz ziehen lassen und kalt abschrecken. Die Tomaten häuten, achteln und dabei die Stielansätze entfernen. Die Salami in Würfel schneiden. Beides mit dem gekochten Gemüse in eine Schüssel geben.
3. Für die Marinade die Mayonnaise mit der Sahne und dem Zitronensaft verrühren, mit Salz, Pfeffer und Zucker abschmecken. Über den Salat gießen und die Zutaten vorsichtig mischen.
4. Die Oliven in feine Ringe schneiden. Den Salat mit den Sardellenfilets und den Olivenscheiben garnieren. Gekühlt servieren. Dazu schmeckt ofenfrisches Baguette.

Silvester und Neujahr

Zum neuen Jahr

Wie heimlicherweise
ein Engelein leise
mit rosigen Füßen
die Erde betritt,
so nahte der Morgen.
Jauchzt ihm, ihr Frommen,
ein heilig Willkommen!
Ein heilig Willkommen!
Herz, jauchze du mit!
In ihm sei's begonnen,
der Monde und Sonnen
an blauen Gezelten
des Himmels bewegt!
Du, Vater, du rate!
Lenke du und wende!
Herr, dir in die Hände
sei Anfang und Ende,
sei alles gelegt!

Eduard Mörike

Flaschen verpacken

Wein, Sekt und Cognac sind beliebte Geschenke, aber allzuoft sehen die Verpackungen recht einförmig aus. Hier einige Vorschläge, die bestimmt nicht langweilig sind.

Sektflasche Ton-in-Ton

Material und Werkzeug

Geschenkpapier oder Folie, reichlich Bänder und Kordeln in verschiedenen Breiten, Ton in Ton aufeinander abgestimmt, Tüllstreifen, Perlenschnur, Ringelband, Basteldraht, Schere, Tesafilm klar.

Anleitung

1. Die Flasche in das Papier einschlagen, das Papier wie gewohnt mit Tesafilm fixieren. Aus den Bändern, dem Tüll und den Kordeln Schleifen in verschiedenen Größen legen und mit Draht abbinden. Das Ringelband und die Perlenschnur bündeln, das Ringelband kräuseln.
2. Aus dem Geschenkpapier Streifen von unterschiedlicher Breite (5-8 cm) und Länge (50-60 cm) schneiden. Die Streifen wie eine Ziehharmonika falten, in der Mitte mit Draht abbinden. Die Enden zusammenkleben, so daß ein Kreis entsteht. Es entstehen Kreise unterschiedlicher Größe.
3. Die Dekomaterialien nach und nach auf der Flasche oder am Flaschenhals festkleben. Auch kleine Geschenke lassen sich so hübsch und wirkungsvoll verpacken.

Piccolo mit Schornsteinfeger

Material und Werkzeug

1 Holzclownkopf (Durchmesser ca. 5 cm), 1 passender schwarzer Zylinder, schwarzer Filz, 1 Puppenzopf, 54 cm dicke Sisalschnur mit Draht, Silberdraht (Durchmesser 1,2 mm), 1 schwarzer Pfeifenputzer, 2 Holzhände, 2 Holzschuhe, schwarze Farbe, schwarze Kordel, rotkariertes Band, schwarzes Gummiband, Schaschlikstäbe für die Leiter, Fliegenpilz oder Pfennig, Schnitt für Hose und Oberteil, schwarzer Filzstift, Schere, Seitenschneider, Klebepistole.

Anleitung

1. Die Sisalschnur in drei Teile von 18 cm schneiden. Zwei Teile der Länge nach im oberen Drittel zusammenkleben, das ergibt den Körper.
2. An den Beinen die Schnur etwa 1 cm abschneiden, den Draht aber stehen lassen. Den Draht umbiegen und in die Schuhe kleben. Die Schuhe schwarz anmalen.
3. Am Körper, etwa 1 cm unterhalb des oberen Endes der Sisalschnüre die dritte Sisalschnur quer ankleben, das gibt die Arme. Die Hände an den Enden der Sisalschnur festkleben.
4. Die Schemazeichnung für Hemd und Hose auf ein Stück Papier übertragen und ausschneiden. Mit Stecknadeln auf den Filz heften und die Teile je einmal zuschneiden.

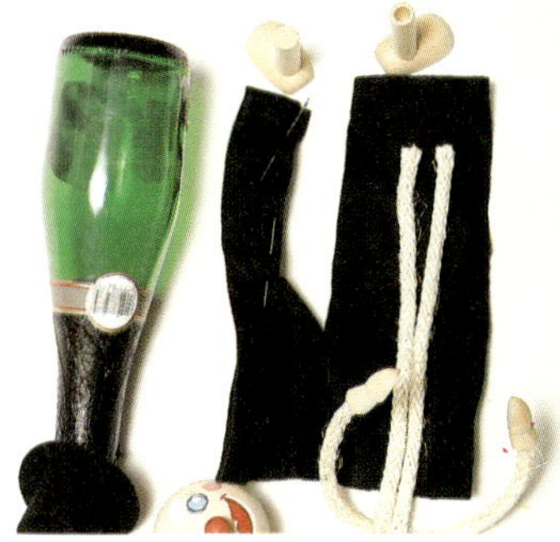

5. Jedes Hosenbein längs auf die Hälfte falten. Die vordere und rückwärtige Hosenmitte zusammenkleben. Dann Hosenbeine bis zum Schritt zukleben. *Foto unten.*
6. Das Oberteil an der eingezeichneten Linie falten, oben in die Mitte

ein Loch für den Hals schneiden. Am Hals von beiden Sisalstücken 1 cm der Schnur abschneiden, den Draht stehenlassen und die Drahtenden gegeneinander verdrehen. Das Oberteil darüberstülpen und die Seitennähte zukleben.
7. Den Kopf ankleben, das Gesicht mit schwarzem Filzstift etwas nachzeichnen. Den Puppenzopf lockern und als Haare ankleben. Den Zylinder aufkleben.
8. Die schwarze Kordel um die Taille binden. Das karierte Band wie ein Tuch um den Hals schlingen. Am Oberteil auf Taschenhöhe eine Öffnung in Pfenniggröße anbringen, den Pfennig einkleben.
9. Aus dem Silberdraht das Werkzeug biegen, den schwarzen Pfeifenputzer als Bürste ankleben. Aus den Schaschlikspießen eine Leiter kleben.

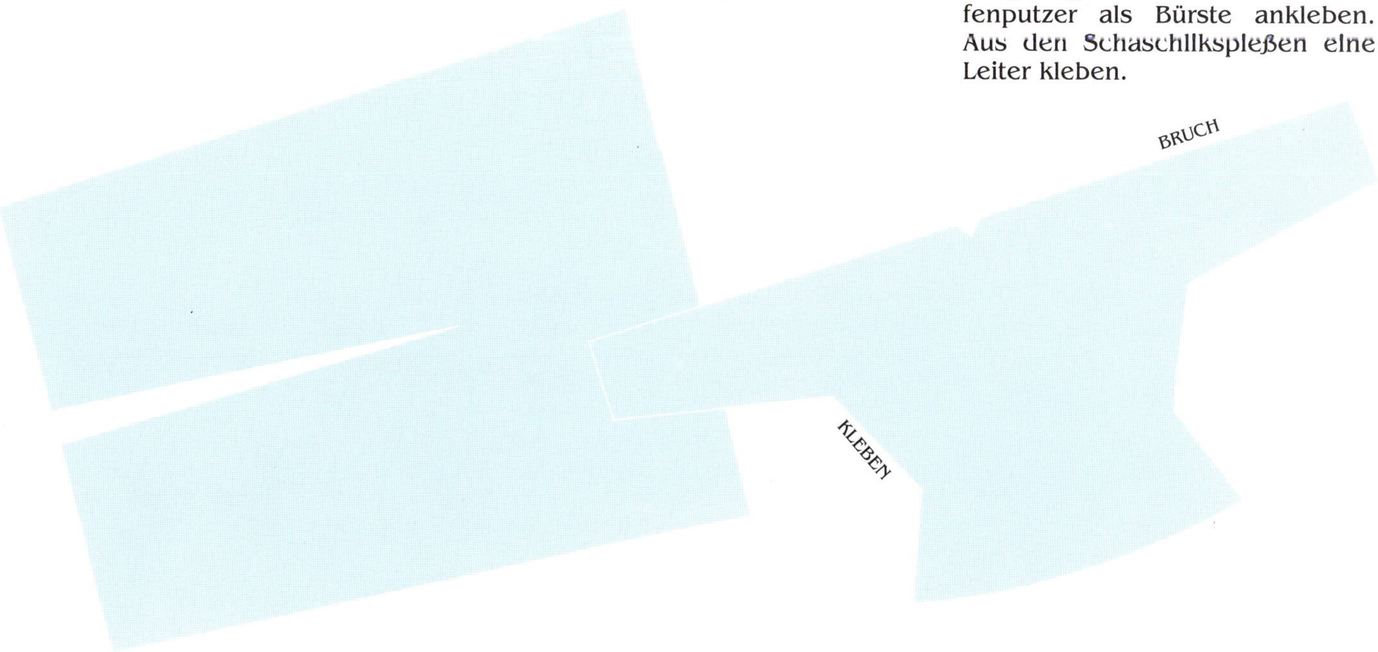

Zum Neuen Jahr

Mein Neujahrslied

Es war erst frühe Dämmerung
Mit leisem Tagverkünden
Und nur noch eben hell genug
Sich durch den Wald zu finden.

Der Morgenstern stand linker Hand,
Ich aber ging und dachte
Im Eichtal an mein Vaterland,
Dem er ein Neujahr brachte.

Auch dacht ich weiter: So und so,
Das Jahr ist nun vergangen,
Und du siehst, noch gesund und froh,
Den schönen Stern dort prangen.

Der ihm dort so zu stehn gebot,
Muß doch gern geben mögen!
Sein Stern, Sein Tal, Sein Morgenrot,
Rund um mich her sein Segen!

Und bald wird Seine Sonne hier
Zum erstenmal aufgehen! –
Das Herz im Leibe brannte mir,
Ich mußte stille stehen.

Und wartete wie ein Mensch im Traum
Wenn ihn Gerichte drängen,
Umarmte einen Eichenbaum
Und bliebt so an ihm hängen.

Matthias Claudius

Zu Neujahr

Will das Glück nach seinem Sinn
dir was Gutes schenken,
Sage Dank und nimm es hin
Ohne viel Bedenken!

Jede Gabe sei begrüßt,
doch vor allen Dingen:
Das, worum du dich bemühst,
Möge dir gelingen!

Wilhelm Busch

Silvester

Woher kommt die Bezeichnung Silvester für den letzten Abend im Jahr? Sie geht wohl zurück auf den Papst Sylvester, der, nach der Legenda aurea, während der Regierungszeit Kaiser Konstantins Bischof in Rom war (314–335). Kennzeichen Sylvesters ist der Schlüssel: Symbol für das Schliessen des alten Jahres und das Aufschließen des neuen Jahres.

Jahreswechsel

Nicht immer wurde das neue Jahr mit dem ersten Januar begonnen. Ja, die Jahreswechsel wurden sogar in verschiedenen Ländern zu unterschiedlichen Terminen gefeiert. Erst die Einführung des Gregorianischen Kalenders im 16. Jahrhundert brachte eine gewisse Vereinheitlichung. Aber erst Ende des 17. Jahrhunderts einigten sich die meisten europäischen Länder auf den ersten Januar als Beginn des neuen Jahres.
Die Verschiebung des Datums für den Neujahrsbeginn hatte auch Einfluß auf die Volksbräuche zum Jahreswechsel: So galt z. B. das Lucia-Fest lange als Termin für den Jahreswechsel.

Brauchtum

Der Jahreswechsel ging immer mit dem Bedürfnis der Menschen einher, in die Zukunft zu blicken. Das neue Jahr wurde in allen Ländern mit unterschiedlichen Bräuchen begrüßt. Einige dieser Bräuche sind uns bis heute erhalten (Barbarazweige, Lucia-Fest). An Silvester selbst wird vor allem noch das Blei- oder Zinngießen geübt. Früher goß man Blei, Zinn oder Wachs durch einen Schlüssel in eine Schale mit Wasser. Die gegossene Form sollte Auskunft über das Schicksal in dem kommenden Jahr geben. Zu diesem Zweck wurde die Form interpretiert und – damit man sie besser erkennen konnte – ihre Umrisse als Schatten an die Wand geworfen.
Sogar unser Silvesterfeuerwerk geht auf einen alten Brauch zurück: Mit Lärm und Licht wollte man die bösen Mächte bannen, die bevorzugt in der Nacht zwischen den Jahren ihr Unwesen treiben.
Wen immer man am Neujahrstag, dem 1. Januar trifft, dem wünscht man Glück für das neue Jahr. Glücksbringer spielen sowieso die Hauptrolle im Silvesterbrauchtum. Man schenkt sich kleine Glücksbringer wie Schweinchen, Hufeisen, Glückspilze, Schornsteinfeger und vierblättrige Kleeblätter. In manchen Gegenden hat auch der schöne Brauch des Neujahrszopfes überlebt, den man für liebe Freunde oder für die eigene Familie backt.

Neujahrslied

Wer kömmt! Wer kauft von meiner War!
Devisen auf das neue Jahr,
Für alle Stände.
Und fehlt auch einer hie und da,
Ein einzger Handschuh paßt sich ja
An zwanzig Hände.

Du Jugend, die du tändelnd liebst,
ein Küßchen um ein Küßchen gibst,
Unschuldig heiter,
Jetzt lebst du noch ein wenig dumm
Geh nur erst dieses Jahr herum,
so bist du weiter.

Die ihr schon Amors Wege kennt
Und schon ein bißchen lichter brennt,
Ihr macht mir bange.
Zum Ernst, ihr Kinder, von dem Spaß!
Das Jahr! zur höchsten Not noch das,
Sonst währts zu lange.

Du junger Mann, du junge Frau,
Lebt nicht zu treu, nicht zu genau
In enger Ehe.
Die Eifersucht quält manches Haus,
Und trägt am Ende doch nichts aus
Als doppelt Wehe.

Der Witwer wünscht in seiner Not,
Zur selgen Frau durch schnellen Tod
Geführt zu werden.
Du guter Mann, nicht so verzagt!
Das, was dir fehlt, das, was dich plagt,
Findst du auf Erden.

Ihr, die ihr Misogyne heißt,
Der Wein heb euern großen Geist
Beständig höher.
Zwar Wein beschweret oft den Kopf,
Doch der tut manchem Ehetropf
Wohl zehnmal weher.

Der Himmel geb zur Frühlingszeit
Mir manches Lied voll Munterkeit.
Und euch gefall es.
Ihr lieben Mädchen singt sie mit,
Dann ist mein Wunsch am letzten
Schritt,
Dann hab ich alles.

Ich komme bald, ihr goldnen Kinder,
Vergebens sperret uns der Winter
In unsre warmen Stuben ein.
Wir wollen uns zum Feuer setzen
Und tausendfältig uns ergötzen,
Uns lieben wie die Engelein.

Wir wollen kleine Kränzchen winden,
Wir wollen kleine Sträußchen binden
Und wie die kleinen Kinder sein.

Johann Wolfgang Goethe

Glücksbringer

Überraschen Sie ihre Freunde an Silvester doch mal mit Glücksbringern! Natürlich können Sie diese auch als Tischdekoration verwenden.

Pfeifenputzer-Schornsteinfeger

Material und Werkzeug

Schwarze und grüne Pfeifenputzer, Puppenhaar, 1 Holzperle (Durchmesser 7 cm) mit Loch, 2 schwarze Holzperlen (Durchmesser 0,5 cm) mit Loch für die Schuhe, 2 helle Holzperlen (Durchmesser 0,5 cm) mit Loch für die Hände, schwarzes Stickgarn für den Gürtel, schwarzer Filz, rote und grüne Filzreste, Sekt- oder Weinkorken, Schnitt für das Wams, Silberdraht, Filzstifte, Schere, Klebepistole.

Anleitung

1. Einen schwarzen Pfeifenputzer, Länge 18 cm, auf der Hälfte abknicken. Das gibt Körper und Beine. Die schwarzen Holzperlen an den Beinen festkleben.
2. Einen zweiten Pfeifenputzer auf 11 cm Länge kürzen und mit der Mitte einmal um den Mittelbug des ersten Pfeifenputzers schlingen. Das gibt die Arme. Die hellen Holzperlen an den Armen festkleben. *Foto links Mitte.*

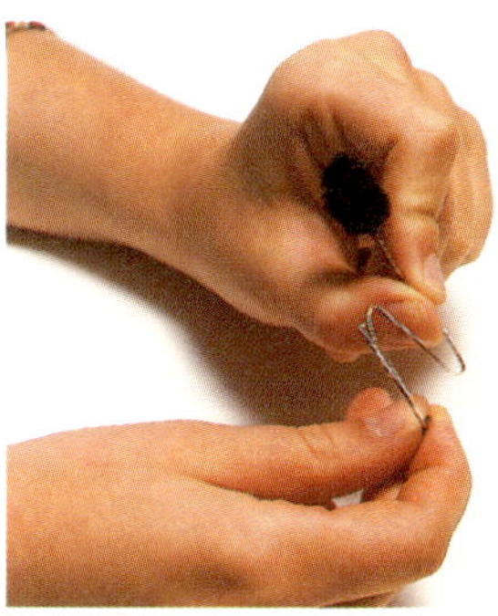

3. Die Schemazeichnung abnehmen, auf Papier übertragen und ausschneiden. Den Schnitt auf dem schwarzen Filz feststecken oder heften und das Wams zuschneiden. Entlang der gestrichelten Linie falten. In die Mitte eine kleine Öffnung für den Hals schneiden. Das Wams über den Hals stülpen. Die Nähte zusammenkleben. Das Stickgarn als Gürtel um die Taille schlingen.
4. Auf die große Holzperle mit Filzstiften ein Gesicht zeichnen. Die Holzperle am Halsansatz festkleben. Das Puppenhaar lockern und auf die Holzperle kleben. Den Zylinder auf dem Haar festkleben.
5. Aus dem Draht das Werkzeug biegen, schwarzen Pfeifenputzer ankleben. Dem Schornsteinfeger die Bürste über die Schulter legen. *Foto links unten.*

Kater

Material und Werkzeug

Schwarze Pfeifenputzer, gekaufte Augen (Durchmesser 0,7 cm), roter Filz oder rote Pailletten, weißer Filz, kleine, rote Perle für die Nase, schmales, rotes Schleifenband, Basteldraht, weißer Nähfaden für die Schnurrhaare, schwarzer Filzstift, Schere, Klebepistole.

Anleitung

1. Pfeifenputzer (21 cm Länge) an einem Ende wie eine Schnecke einrollen (Durchmesser 3 cm), das gibt den Kopf. Das andere Ende einmal einrollen, das gibt den Schwanz. Das Zwischenstück zu einem Buckel biegen.
2. Zwei Pfeifenputzer auf 13 cm Länge schneiden, das gibt die Vorder- und Hinterläufe. Die Pfeifenputzerstücke an beiden Enden für die Pfoten etwas einrollen. Die Pfeifenputzer vorn und hinten um das Mittelteil schlingen, einmal verdrehen.
3. Die Pfeifenputzer auf 8 cm abschneiden, daraus zwei Ohren biegen und am Kopf festkleben. Gleichzeitig den Kopf etwas zusammenkleben.
4. Aus dem Schleifenband eine kleine Schleife legen, mit Draht abbinden und an den Hals kleben. Das Gesicht gestalten: eine Paillette oder einen kleinen roten Filzrest als Zunge ankleben, aus dem weißen Faden Schnurrbarthaare schneiden, in der Mitte zusammenbinden und ankleben. Aus dem weißen Filzrest mit einem Locher Kreise ausstanzen. Mit schwarzem Filzstift dann mehrere Pünktchen hineinmalen. Als Wangen ankleben. Die Augen ebenfalls festkleben.
5. Eine sehr kleine rote Perle, z. B. von einer Perlenschnur, als Nase ankleben.

Pinkfarbener Kerzenständer und Dekoschleifen

Material und Werkzeug

3 selbstgefertigte Dekoschleifen (Anleitung siehe Seite 155), ca. 20-25 cm groß, 1/2 Styroporkugel, auf die Dekoschleifen farblich abgestimmte Bastelfolie, 1 goldene Manschette (Durchmesser 5-8 cm), 1 farblich passende Kerze, Stecknadeln, kleines Küchenmesser, Klebepistole.

Anleitung

1. In die Rundung der Styroporkugel passend für die Kerze eine Vertiefung schneiden. Die Kugel mit Bastelfolie beziehen, die Folie mit Stecknadeln feststecken.
2. Die Kerze durch die Manschette stecken und in die Styroporkugel kleben. Die drei Deko-Schleifen an der Kugel feststecken.
3. Dazu passend größere Schleifen für jedes Gedeck herstellen und auf jede Schleife einen Kater setzen. Oder die Kater auf dem Tisch verteilen.

Fliegenpilz

Material und Werkzeug

Styroporkugel (Durchmesser 5-7 cm), ein in der Größe passendes Watte-Ei, weißer und roter Filz, 1 Pappscheibe (Durchmesser 5-7 cm), etwas kleingeschnittenes Heu, Papier, Zirkel, Schere, Maßband, Klebepistole, scharfes Messer.

Anleitung

1. Die Styroporkugel halbieren. Mit dem Maßband den Abstand vom einen Rand über die Kuppe zum anderen Rand messen. Dieses Maß als Durchmesser für einen Kreis auf ein Stück Papier übertragen. Den Kreis mit einem Zirkel zeichnen, ausschneiden. Schablone auf den roten Filz legen und zuschneiden.
2. Für die Lamellen einen Streifen weißen Filz zuschneiden. Die Länge ergibt sich aus dem Kugelumfang. Die Breite messen Sie an der Unterseite des Kegels von der Mitte zum Rand.

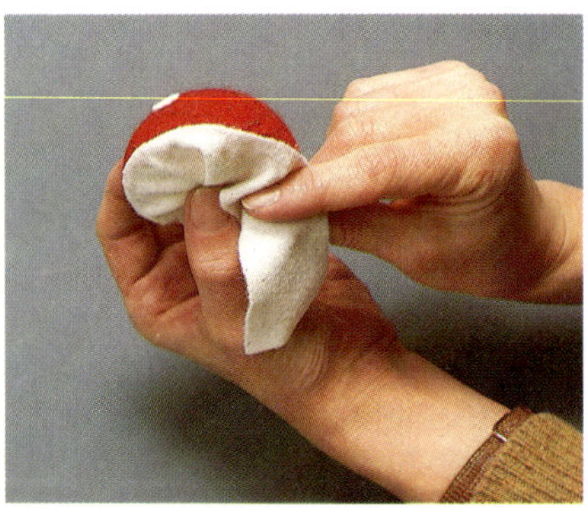

3. Den Filzstreifen am äußeren unteren Kegelrand festkleben. Den Filz in schräge Falten legen und innen ebenfalls festkleben. Den roten Filz auf den Pilzhut kleben. Mit einem Locher aus dem weißen Filz kleine Kreise ausstanzen und auf den Pilzhut kleben. Den Pilzfuß (das Watte-Ei) an den Pilzhut kleben. *Foto oben.*
4. Die Pappscheibe mit Moos bekleben, den Pilz darauf festkleben.

Glücksbringer aus Salzteig

Salzteig: 1/3 Salz und 2/3 Mehl miteinander mischen, 1-2 Eßlöffel Tapetenkleister und soviel Wasser unterkneten, daß ein elastischer aber nicht klebender Teig entsteht.

Material und Werkzeug

Salzteig, grüne Farbe, fester Karton, Schleifenband, Wellholz, Bastelmesser, Backblech, Backpapier, Küchenmesser, Gemüsemesser.

Anleitung

1. Ein vierblättriges Kleeblatt auf den Karton zeichnen und ausschneiden.
2. Vom Salzteig einen Teil abnehmen und die grüne Farbe unterkneten. Etwa 1/2 cm dick auswellen, die Schablone auflegen und das Kleeblatt mit einem Messer ausschneiden. Aus dem neutralen Teig den Stiel schneiden und am Kleeblatt festdrücken.
3. Für das Glücksschweinchen eine Schweinchen-Schablone herstellen, auf den Teig legen und mit einem Messer ausschneiden. Das Gesicht und die Körperkonturen mit dem Messerrücken gestalten, in den Körper lauter Pfennigstücke stecken.
4. Die Salzteigformen auf ein mit Backpapier ausgelegtes Blech legen und im Backofen auf der mittleren Schiene bei 100-120° C etwa 2-2 1/2 Stunden trocknen.
5. Dem fertigen Schweinchen eine Schleife um den Hals binden.

Salzteig ist nicht zum Verzehr bestimmt!

Marienkäfer

Material und Werkzeug

3-5 cm große, flache, ovale oder runde Steine; schwarze Pfeifenputzer; schwarze, rote und weiße Lackfarbe; Pinsel, Klebepistole, Bleistift.

Anleitung

1. Die Steine waschen und trocknen. Mit Bleistift auf die Oberfläche einen Marienkäfer zeichnen. Den Körper rot anmalen, den Kopf schwarz und die Flügel mit einem feinen schwarzen Strich trennen. Trocknen lassen. Die Unterseite schwarz anmalen. Trocknen lassen.
2. Zwei weiße Pünktchen als Augen auf den Kopf malen, trocknen lassen. In der Zwischenzeit drei Stücke Pfeifenputzer für die Beinchen abschneiden. Die Beinchen leicht schräg abwinkeln und auf der Steinunterseite festkleben.

Feiner Heringssalat

Für 4 Personen

4 Matjesfilets
100 g Kalbsbraten in Scheiben (fertig gekauft)
1 große Gewürzgurke
2 säuerliche Äpfel
2 Stangen Staudensellerie
50 g Walnußkerne
4 Pellkartoffeln (ca. 200 g)
4 EL Weinessig
Salz
schwarzer Pfeffer aus der Mühle
200 g Mayonnaise
4 EL Joghurt
2 Msp. Ingwerpulver
einige Stengel Kerbel
1/2 Bund Schnittlauch

1. Die Matjesfilets kurz wässern. Die Matjes, den Kalbsbraten, die Gewürzgurke und die geschälten und entkernten Äpfel in Streifen, die Selleriestangen in Stückchen schneiden. Die Walnußkerne grob hacken. Die Kartoffeln schälen und in Würfel schneiden.
2. Die Salatzutaten in einer Schüssel vermischen und mit dem Essig, wenig Salz und dem Pfeffer würzen. Etwas durchziehen lassen.
3. Die Mayonnaise mit dem Joghurt und dem Ingwerpulver verrühren. Die Kräuter fein wiegen und zusammen mit der Mayonnaise unter die Salatzutaten heben. Den Salat 1-2 Stunden durchziehen lassen.
Dazu passen knusprige Brötchen oder frisches Baguette.

Lachsterrine

1 Terrine von 0,5 Liter Inhalt
Einlage:
250 g Pfifferlinge
1 TL Butter
Salz
weißer Pfeffer aus der Mühle
1 EL Schnittlauchröllchen
Farce:
200 g Lachsfleisch
Salz
weißer Pfeffer aus der Mühle
1/2 Eiweiß
200 g Sahne, angefroren
Außerdem:
8-10 Porreeblätter
Salz

1. Für die Einlage die geputzten, gewaschenen und gut abgetropften Pfifferlinge würzen. In der Butter kurz anbraten und die Flüssigkeit einkochen lassen. Zum Abkühlen beiseite stellen.
2. Für die Farce das gut gekühlte Lachsfleisch in kleine Stücke schneiden. Die Fischstückchen mit Salz und Pfeffer würzen.
3. Das Lachsfleisch im Mixer fein zerkleinern oder mit dem Messer hacken. Dann das Eiweiß hinzufügen.
4. Nach und nach löffelweise die angefrorene Sahne untermischen.
5. Die Farce durch ein feines Sieb streichen.
6. Den Porree in kochendem Salzwasser blanchieren und abschrekken. Auf Küchenpapier sorgfältig abtropfen lassen.
7. Eine hitzebeständige Klarsichtfolie über eine Schablone ausbreiten, die dem Boden der Form entspricht. Den Boden der Form dann dünn mit einer Schicht Lachsfarce bestreichen und mit den Lauchblättern auslegen.
8. Die Einlage unter die übrige Lachsfarce mischen und diese als Längsstreifen auf den Porreeblättern aufhäufen.
9. Mit der Folie in die Form heben und die überhängenden Teile über die Farce klappen.
10. Die Form so auf ein feuchtes Tuch stoßen, daß keine Luftlöcher mehr in der Farce zurückbleiben. Mit dem Deckel verschließen.
11. Die rohe Lachspastete im Wasserbad im vorgeheizten Ofen bei 120 °C 30 Minuten garen.

Krabbencreme auf Toast

Für 4 Personen

200 g Krabben (Tiefseegarnelen)
3 EL Sahnequark
Salz
weißer Pfeffer aus der Mühle
1 Msp. Cayennepfeffer
1 EL Zitronensaft
2 Bund Dill,
davon $1\frac{1}{2}$ Bund fein gehackt
1 kleines Stangenweißbrot
60 g Butter

1. Von den Krabben 12 schöne Exemplare aussuchen und beiseite legen.
2. Die restlichen Krabben mit dem Sahnequark im Mixer zu einer geschmeidigen Creme verarbeiten. Mit Salz, Pfeffer, Cayennepfeffer und Zitronensaft kräftig abschmecken und den feingehackten Dill gleichmäßig unterheben. Kalt stellen.
3. Das Weißbrot in 12 etwa $1\frac{1}{2}$ cm dicke Scheiben schneiden und im Toaster rösten.
4. Das Weißbrot mit Butter, dann mit der Krabbencreme bestreichen. Jeweils ein Dillzweiglein und eine Krabbe in die Mitte setzen. Auf Tellern oder einer Platte anrichten.

TIP Diese Creme läßt sich auch gut in etwa 5 cm lange Stücke von Staudensellerie streichen.

Servieren Sie zu Ihrem Silvesterbuffet einige frische Blatt- und Rohkostsalate der Saison. Richten Sie die Salate in großen Salatschüsseln oder auf Schalen an und stellen Sie die verschiedenen Salatsaucen in kleinen Schüsselchen oder Saucièren daneben.

Vinaigrette

½ Knoblauchzehe
3 EL Essig
Salz
weißer Pfeffer aus der Mühle
Zucker
6 EL Salatöl
1 EL Kräuter (Petersilie, Kerbel), gehackt

1. Eine Schüssel mit Knoblauch ausreiben. Den Essig hineingießen, die Gewürze hinzufügen. So lange rühren, bis Salz und Zucker aufgelöst sind.
2. Das Öl tropfenweise kräftig unterrühren, bis es mit dem Essig verbunden ist.
3. Die gehackten Kräuter zufügen.

Thousand-Island-Dressing

3 EL Mayonnaise
3 EL Chilisauce (oder Tomatenketchup)
2 EL saure Sahne (oder Joghurt)
1 EL Orangensaft
1 EL Zitronensaft
Cayennepfeffer
Salz
1-2 Pfefferschoten

1. Die Mayonnaise, Chilisauce und saure Sahne mit einem Schneebesen glattrühren.
2. Mit dem Orangen- und Zitronensaft, Cayennepfeffer und Salz abschmecken.
3. Die Pfefferschoten waschen, die Kerne entfernen und die Schoten fein würfeln. Die Schotenwürfel unter die fertige Sauce ziehen.

Mayonnaise

Für etwa ¼ l Mayonnaise

1 Eigelb
0,2 l Speiseöl
etwas Salz
1 Prise Zucker
wenige Tropfen Essig
weißer Pfeffer aus der Mühle

1. Das Eigelb mit einer Prise Salz cremig rühren.
2. Das Öl (Ei und Öl sollten die gleiche Temperatur haben) tropfenweise unterrühren.
3. Mit den Gewürzen abschmekken.

Scharfe Bohnensuppe mit Zucchini

Für 4 Personen

2 EL Olivenöl
1 große Zwiebel, gewürfelt
2 kleine Dosen rote Bohnen (Kidney beans, à 400 g)
3 EL Tomatenmark
½ TL Chiligewürz
Salz
schwarzer Pfeffer aus der Mühle
1 Msp. Cayennepfeffer
¾ l Fleischbrühe (aus Extrakt)
250 g möglichst kleine Zucchini

1. Das Olivenöl in einem Suppentopf erhitzen. Die Zwiebelwürfel zufügen und bei schwacher Hitze glasig dünsten.
2. Die Bohnen in ein Sieb gießen, mit kaltem Wasser abbrausen und abtropfen lassen.
3. Das Tomatenmark unter die gedünsteten Zwiebelwürfel rühren, kurz anschwitzen lassen, dann die Bohnen untermischen. Mit Chiligewürz, Salz, Pfeffer und Cayennepfeffer würzen.
4. Mit der Fleischbrühe aufgießen und langsam zum Kochen bringen.
5. Die Zucchini waschen, vom Stengelansatz befreien und auf der Gemüsereibe grob raspeln. Die Zucchiniraspeln unter die Bohnen mischen und alles zusammen weitere 10 Minuten köcheln lassen.
6. Die scharfe Bohnensuppe nochmals kräftig abschmecken.

Filet Wellington

Für 4 Personen

300 g tiefgekühlter Blätterteig
1 kg Rinderfilet
Salz
schwarzer Pfeffer aus der Mühle
50 g Butter
1 Eigelb zum Bestreichen
Farce:
100 g Schinkenspeck
1 Zwiebel
150 g Steinpilze oder Champignons
1 EL feingehackte Petersilie
50 g Butter

1. Den Blätterteig 20 Minuten auftauen lassen. Den Backofen auf 250°C vorheizen.
2. Das Fleisch kurz waschen, trokkentupfen und mit Salz und Pfeffer einreiben. Die Butter in einer Bratenpfanne erhitzen und das Filet darin von allen Seiten anbraten. Auf der mittleren Schiene in den Backofen schieben und unter häufigem Begießen mit dem Bratfett 30 Minuten braten. Abkühlen lassen. Den Backofen auf 220°C herunterschalten.
3. Für die Farce Schinkenspeck und Zwiebel in kleine Würfel schneiden, die Pilze fein hacken. Die Butter in einer Pfanne erhitzen und Speck, Zwiebel, Pilze und Petersilie darin leicht anschmoren. Abkühlen lassen.
4. Den Blätterteig zu einem Rechteck ausrollen – etwas länger als das Rinderfilet und dreimal so breit. Mit der erkalteten Farce bestreichen, das Filet in die Mitte legen und den Teig über dem Fleisch zusammenschlagen. Die offenen Seiten des Teiges leicht übereinanderdrücken, damit kein Fleischsaft austreten kann. Den Teig mit verquirltem Eigelb bestreichen.
5. Das umhüllte Filet auf ein kalt abgespültes Backblech geben, in den Backofen schieben und in etwa 35 Minuten backen, bis der Blätterteig goldbraun ist. Warm oder kalt servieren.

3. Das Ei trennen. Das Eigelb mit etwas Sauce in einem Becher verquirlen. In die Sauce rühren. Das Eiweiß steif schlagen, unterziehen. die Vanillesauce heiß oder kalt servieren.

Rote Grütze

Für 4 Personen

375 g rote Johannisbeeren
250 g Himbeeren
$^3/_4$ l Wasser
250 g Zucker
$^1/_4$ Vanilleschote
250 g entsteinte Sauerkirschen
60 g Stärkemehl

1. Die Johannisbeeren waschen und mit einer Gabel von den Stielen streifen. Die Himbeeren verlesen und kurz unter kaltem Wasser abbrausen. Beide Beerensorten mit $^1/_2$ l Wasser bedecken und 5 Minuten kochen lassen.
2. Die Früchte mit dem Saft durch ein Sieb in einen Topf streichen. Das Fruchtmus (es sollten ca. $^3/_4$ l sein) mit dem Zucker und der aufgeschlitzten Vanilleschote zum Kochen bringen. Die Sauerkirschen hinzufügen.
3. Die Stärke mit dem restlichen Wasser glattrühren. Unter ständigem Rühren an die kochende Fruchtmasse geben. Einige Male aufwallen lassen. Die Grütze in kalt ausgespülte Förmchen füllen und mit etwas Zucker bestreuen, damit sich keine Haut bildet.
Dazu passen Vanillesauce, kalte Milch oder flüssige Sahne. *Foto links.*

TIP Wenn Sie außerhalb der Beerensaison nicht auf Rote Grütze verzichten wollen, so gelingt sie auch aus tiefgekühlten Beeren. Stürzfähig wird die Grütze, wenn Sie die Stärkemenge auf ca. 80 g erhöhen.

Vanillesauce

Für 4 Personen

$^1/_2$ l Milch
3 TL Speisestärke (15 g)
1 Vanilleschote
2 EL Zucker (30 g)
1 Prise Salz
1 Ei

1. 2 EL kalte Milch in einen Becher geben, die Speisestärke darin verquirlen. Die übrige Milch mit der aufgeschnittenen Vanilleschote, Zucker und Salz in einem Topf aufkochen. Den Topf vom Herd nehmen.
2. Die angerührte Speisestärke langsam einrühren. Die Sauce einmal aufkochen, dann wieder vom Herd nehmen. Die Vanilleschote entfernen.

Festlich geschmückte Silvestertafel

Wenn Sie an Silvester Gäste erwarten und vielleicht nicht nur etwas Besonderes kochen wollen, zeigen wir Ihnen hier, wie Sie die Tafel festlich dekorieren können.

Gesteck mit Clowns

Material und Werkzeug

1 Steckschale (Durchmesser 15 cm) mit 5 cm hohem Rand, reichlich Ringelband in vielen Farben und verschiedenen Breiten, bunt glitzernde Bänder bis zu 2 cm Breite, silberne Blüten und Zweige, Glitzerstick, Basteldraht, Moosy-Steckmasse trocken, Bastelschere, Messer, schneidfeste Unterlage, Klebepistole, 3-7 Clowns (je nach Größe des Gestecks; Anleitung siehe Seite 154).

Anleitung

1. Den Steckziegel in die Steckschale geben. Eventuell die Kanten leicht rund schneiden. Die Steckmasse sollte etwa 1 cm über den Schalenrand schauen und zur Schalenmitte etwas höher werden.
2. Aus den Bändern unterschiedlich große Schleifen legen, mit Draht abbinden. Die Drahtenden ca. 6-8 cm lang stehen lassen und fest gegeneinander verdrehen. Die Ringelbänder in verschiedene Längen schneiden und immer mehrere gleichzeitig mit Draht zusammenfassen. Die Drahtenden ca. 6-8 cm lang stehen lassen und fest gegeneinander verdrehen. Die Bänder einzeln über ein Scherenblatt ziehen und kräuseln.
3. Den Glitzerstick in die Mitte des Steckziegels geben. Drumherum nach und nach die verschiedenen Schleifen und Bänder stecken. Die Clowns (Anleitung siehe Seite 154) dazwischen anordnen. Darauf achten, daß das Gesteck von allen Seiten hübsch aussieht. Damit das Gesteck mehr Halt bekommt, können Sie die Drahtenden vor dem Stecken mit Klebstoff bestreichen und dann erst in die Steckmasse stecken.

Lavazza

Clowns

Material und Werkzeug

Bunte Pfeifenputzer, Wattekugeln (Durchmesser 2 cm), bunte Filzstifte, mehrblättrige weiße Blüten (Durchmesser 2-2,5 cm), ca. 3 cm breites Band für die Mützen, Blumendraht, Klebepistole, Schere.

Anleitung

1. Einen Pfeifenputzer auf 20 cm Länge schneiden. Auf der Hälfte knicken, an den Enden ein kleines Stück für die Füße abknicken, darauf ein kleines Stückchen Pfeifenputzer in einer anderen Farbe kleben – es sollte aussehen wie ein kleiner Bommel.
2. Etwa 10 cm von einem andersfarbigen Pfeifenputzer abschneiden, einige Male um die Knickstelle des ersten Pfeifenputzers schlingen. Zwei kleine Stückchen einer anderen Farbe wie bunte Knöpfe daraufkleben.
3. 10-12 cm eines Pfeifenputzers zur Acht drehen und am Rücken festkleben. Von der Blüte den Stengel ganz entfernen, die Blüte als Halskrause auf den Körper kleben. Auf die Wattekugel ein lustiges Gesicht malen und die Wattekugel auf die Halskrause kleben.
4. Die Schemazeichnung auf ein Stück Papier übertragen, den Schnitt ausschneiden. Danach die Mützen zuschneiden und auf den Köpfen festkleben. Zum Stecken einen Blumendraht ankleben.

KLEBEN

Eckschleifen in Silber und Lila

Die Eckschleifen müssen großzügig gearbeitet sein, die Bänder sollen über die Tischkante nach unten hängen.

Material und Werkzeug

Pro Schleife: 70-80 cm Lochgitterband, 60-70 cm Gitterband, Ringelband, Tortenspitze (Durchmesser 15 cm), 1-2 kleine Päckchen (siehe Seite 16), Schleifenband in verschiedenen Breiten, Schere, Basteldraht, Klebepistole.

Anleitung

1. Großzügige Schleifen legen, die Schleifenenden lang lassen, sie sollen über die Tischkante hängen. Die Schleifen mit Draht abbinden.
2. Das Ringelband in unterschiedlichen Längen abschneiden, an einem Ende mit Draht mehrere Stücke zusammenfassen. Mit einer Schere die Bänder einzeln kräuseln.
3. Päckchen packen und mit Aufhänger versehen. Die Dekomaterialien nach und nach auf die Tortenspitze kleben – die große Schleife wird als erstes aufgeklebt. Alle Materialien farblich abstimmen.

Pinkfarbene Gedeckschleifen

Material und Werkzeug

Pro Schleife: 3-4 verschieden breite Bänder aus Satin, Taft, Papier, Folie und Tüll, farblich passendes Ringelband, Basteldraht, 4 Tortenspitzen (Durchmesser 15 cm) für die Tischeckschleifen, Schere, Klebepistole.

Anleitung

1. Aus den verschiedenen Bändern großzügige Schleifen legen und mit Basteldraht gut abbinden. 3-5 längere Stücke Ringelband bündeln, mit Draht abbinden und kräuseln.
2. Das Tüllband zu einem Tuff kleben: Die untere Kante mit Klebstoff bestreichen und den Tüll an dieser Seite zusammenfassen.
3. Für die Gedeckschleifen alle Zutaten nach und nach auf die größte Schleife kleben.
4. Für die Tischeckschleifen die Zutaten nach und nach auf eine Tortenspitze kleben.

Überraschungsbonbon

Material und Werkzeug

Leere Papprolle von Haushaltsfolie, nicht zu dünner, biegsamer Karton, bunt glitzernde Bänder, Borten und Schleifen, Glitter aus der Tube, schmales Band, Schere, Klebstoff.

Anleitung

1. Die Rolle in 5 cm lange Stücke schneiden. Von dem Karton einen 3 cm breiten Streifen abschneiden - die Länge entspricht dem Umfang der Rolle plus 3 cm für den Übertritt. Den Kartonstreifen in die Rolle kleben, etwa die Hälfte herausschauen lassen. Jetzt können die beiden Rollenteile zusammengesteckt werden.
2. Die Rollenteile nun mit Bändern und Borten bekleben, mit Glitzerfarbe verzieren. An den beiden Enden die Bänder überstehen lassen und wie bei einem Bonbon mit Schleifenband abbinden.
3. Die Überraschungsbonbons mit kleinen Überraschungen, lustigen Versen, Süßigkeiten, Zinnfiguren u.ä. füllen.

Register nach Sachgebieten

Bastelarbeiten

Brauchtum/ Legenden

Gedichte

Geschichten

Lieder

Rezepte

In der österreichischen Küche haben manche Gerichte eine andere Bezeichnung:

Feldsalat	=	Vogerlsalat
Kartoffelklöße	=	Kartoffelknödel
Martinsgans	=	Martinigans
Möhren	=	Karotten
Pfifferlinge	=	Eierschwammerl
Quark	=	Topfen
Rosenkohl	=	Kohlsprossen
Sahne	=	Schlagobers
Saure Sahne	=	Saurer Rahm
Schweinebraten	=	Schweinsbraten

Register (alphabetisch)

Quellennachweis

Binding, Rudolf: Das Peitschchen. Aus: Weihnacht der Welt. Nymphenburger Verlag 1956
Heiseler: Barbarazweig. Aus: Weihnachten. Die schönsten Gedichte. Edition Erpf bei Neptun 1987
O. Henry: Das Weihnachtsgeschenk. Aus: Eugen Rentsch Verlag, o. J.
Krüss, James: Tannengeflüster. Aus: Weihnachtsgedichte. © Franz Schneider Verlag 1973
Lagerlöf, Selma: Die Flucht nach Ägypten. Aus: Weihnacht der Welt. Nymphenburger Verlag 1956
Malmberg, Bertil: Die Weihnachtsgeschenke. Aus: Der kleine Åke und seine Welt. G. Müller Verlag 1927
Rilke, Rainer Maria: Es treibt der Wind... Aus: R. M. Rilke. Sämtliche Werke Band 1, Insel Verlag 1955
Rilke, Rainer Maria: Advent. Aus: Sämtliche Werke Band 1, Insel Verlag 1955
Rosegger, Peter: Unser erster Christbaum. Aus: Rosegger Waldheimat. Staackmann Verlag
Waggerl, Karl Heinrich: Das ist die stillste Zeit im Jahr. Aus: Waggerl. Das ist die stillste Zeit im Jahr. Otto Müller Verlag
Weihnachtslieder aus: Das große Hausbuch der Volkslieder. Hrsg. von Walter Hansen. Mosaik Verlag 1978.

Wir danken allen Rechteinhabern und Verlagen für die freundiche Genehmigung zum Nachdruck. Trotz nachdrücklicher Bemühungen ist es uns nicht gelungen, alle Rechteinhaber zu ermitteln. Wir bitten diese, sich an den Verlag zu wenden.

Bildnachweis
Bavaria: 8; Mosaik Verlag/Brauner: 34, 56/57, 65, 101 unten, 112 Mitte, 148; Mosaik Verlag/Eising: 15, 33, 56, 57 Mitte, 76, 100, 113 rechts, 136, 149; Mosaik Verlag/Feuz: 14, 112 unten; Mosaik Verlag/Kerth: 119; Mosaik Verlag/Stüssel, Schmitz: 77, 101 oben, 151; Mosaik Verlag/Teubner: 118 links oben; Prisma Fotoservice: 10, 11, 35, 64, 84, 92, 93, 118; Ludwig Richter (Illustrationen): 28, 29, 130 131; Transglobe Agency: 83, 84; Wetterwald: 41.
Alle anderen Fotos: Christa Thoma.
Alle anderen Illustrationen: Christine Mills.
Umschlagfoto: Klaus-Reiner Klebe.
Umschlaggestaltung: Petra Dorkenwald, Martina Eisele.